U0898868

北京联合大学“高参小”项目

快乐足球

丁峰　唐红斌　主编

北京体育大学出版社

策划编辑：吴　珂
责任编辑：吴　珂
责任校对：凯　瑞
版式设计：李　鹤

图书在版编目（CIP）数据

快乐足球 / 丁峰，唐红斌主编. -- 北京 : 北京体育大学出版社，2018.6
ISBN 978-7-5644-2952-2

Ⅰ. ①快… Ⅱ. ①丁… ②唐… Ⅲ. ①足球运动－小学－教学参考资料 Ⅳ. ①G624.83

中国版本图书馆CIP数据核字(2018)第133259号

快乐足球　　**丁峰　唐红斌　主编**

出版发行：北京体育大学出版社
地　　址：北京市海淀区农大南路1号院2号楼4层办公B-421
邮　　编：100084
网　　址：http：//cbs.bsu.edu.cn
发 行 部：010-62989320
邮 购 部：北京体育大学出版社读者服务部 010-62989432
印　　刷：北京虎彩文化传播有限公司
开　　本：710mm×1000mm　1/16
成品尺寸：170mm×240mm
印　　张：5.5
字　　数：102千字
版　　次：2018年6月第1版
印　　次：2019年11月第1次印刷
定　　价：25.00元

丛书编委会

本书编委会

前　言

近年，北京市小学阶段生源数量呈现明显上升趋势，为破解“入学难”“择校热”“质量不均衡”等难题，提升普通学校办学水平，北京市通过高校、社会力量参与小学体育美育特色发展工作（简称“高参小”），打破高校与小学“关门办学”的“高墙”，促进校际互动，提升教育均衡。截至目前，已有140余所小学与高校、艺术院团和艺术机构、体育俱乐部等构成“对子”，在融合教学、课外活动、互动教研等方面取得了初步成效。

“高参小”项目进一步加强高校与中小学生的联系与合作，帮助中小学开展特色发展和建设，形成向真、向善、向美、向上的育人氛围，形成小学教育质量的新均衡，该项目的开展能够推动和引导义务教育阶段小学音乐、体育、文艺工作科学、有序地发展，帮助中小学在音、体、美等方面构成体系，具备能力，全面提升素质教育的能力，提高学校的办学水平和教育质量，因此具有非常重要的意义。

为进一步深化北京高校、社会力量参与北京市小学体育、美育发展工作内涵，积极推动“高参小”项目深入发展，北京联合大学体育团队通过分析美国学校的体育改革计划的真实案例及百项科学研究成果，对约翰·瑞迪、埃里克·哈格曼在《运动改造大脑》提出的科学理念进行了实践内容的注入，让学生、家长、教师了解到运动不光能健身、锻炼肌肉，还能锻炼大脑。丹麦葛莱体育学院倡导的“游戏就是生活，让我们打造积极的生活方式”这一教学理念特别适合学前体育和小学体育课程，让孩子在快乐中自发地享受体育运动，为此，北京联合大学体育团队经过开课前深入的调查研究，将最前沿的运动课程与我国小学教学的实际现状进行了合理的调整与融合，通过国内业界顶级教师团队的专项技术与理论优势，推出《快乐艺术体操》《快乐啦啦操》《快乐踏板操》《快乐足球》《快乐体操》五种深受少年儿童喜欢的项目教材。本套教材以“新”“活”“奇”为特点，从学生的接受能力出发，以深入浅出的教学方法，达到培养学生参与体育锻炼、探索和学习体育项目技能兴趣的目的。

未来，北京联合大学体育团队将推出更多优秀体育课程案例与教材，融入北京市教委高校、社会力量参与小学体育、美育发展工作教育教学改革的活动中，让创新的课程设计与小学学生的年龄特点相结合，通过运动塑造学生的心智与智商，让孩子更聪明、更强壮、更快乐、更幸福！

此外，要特别感谢中国体操协会、北京市海淀区体操健美操协会、北京师范大学、北京体育大学、北京农业大学的专家在本套书的编撰过程中给予的大力支持与帮助！

目 录

第一章
快乐足球的基础知识

第一节　足球运动简介

足球运动是目前全球体育界最具影响力的单项体育运动之一。足球运动是以脚支配球为主，但也可以使用头、胸部等部位触球（除守门员外，其他队员不能用手或臂触球，守门员也只能在己方禁区内用手或臂触球），两个队在同一场地内进行攻守的体育运动项目。一场精彩的足球比赛，吸引着数以亿计的观众，它已成为电视节目中的重要内容，有关足球方面的报道，占据着世界各种报刊的篇幅，当今足球运动已成为人们生活中不可缺少的组成部分。

足球发源于中国，后传入西方。现代足球起源于英国，1863年10月26日，在英国伦敦成立了世界上第一个足球运动组织——英格兰足球协会，统一了相关规则，现代足球运动正式确立。1904年5月21日，国际足联在法国巴黎成立。第一次世界大战后，职业足球开始风靡于欧洲和南美。1930年首届男足世界杯足球赛在乌拉圭举行，1991年首届女足世界杯在中国举行。男女足球分别于1900年第2届奥运会和1996

年第26届奥运会被列为比赛项目。

第二节 足球在中国

纵观古今中国足球的发展，是极具历史意义的。足球运动，最早的起源在中国。在3000多年前，我们管这项运动叫蹴鞠，这项活动其实在春秋战国时期就出现了，最早的说法见《战国策·齐策》："临富甚福而实……塌鞠"。到了汉代，由于社会经济的繁荣，蹴鞠得到了更大的发展，受到了大众的欢迎，而且蹴鞠成了宫廷的主要体育活动。汉高祖刘邦的父亲初入皇宫时，曾因没有球踢而一直闷闷不乐。后来刘邦特意为他父亲建造了"新丰宫"，于是太上皇就可以和家乡的人一起蹴鞠取乐了。这样的环境，造就了汉武帝、汉成帝这样的"帝王球星"，另外，蹴鞠还成了军队训练的内容之一。

唐代是蹴鞠的鼎盛时期。比起汉代，此时的蹴鞠又有了新的发明创造。首先是"充气球"的出现，再次是球门的发明。当时的球门分为两种：一种是球场内设置两个球门，两端各一个，A打B的门，B打A的门，这种球门的设置使运动量大，竞技性比较强，类似现代足球；另一种是在球场的中央设置球门，AB双方共享，球门高，进口小，进球比较难。另外，还有不同球门的踢法，种类很多，有一人自踢、两人对踢，还有多人花样踢法。

到了宋代，两个球门的踢法已经不见了，主要流行一个球门或是不用球门。这种方式运动量不大，然而技术性和娱乐性都增强了。踢法是：两队各有一名球头，先由A队球头踢球过门，B队球员得球后，传给自己的球头，由球头射门，把球踢过门去为胜。

到了明清，连一个球门的蹴鞠也不见了，只剩下不用球门的玩法。值得一提的是，清代由于民族风俗的关系，人们十分喜欢在冰上进行蹴鞠（最早的冰球运动）。玩时分为两队，每队数十人，球掷起后，两队争踢，以球在自己本方队员的脚下传递为乐。这个有点像我们玩球时的倒脚，只是我们是几个人传递，中间一人抢，通常都是“累个半死”方罢休。

20世纪之初，现代足球由欧洲传入中国。“看戏要看梅兰芳，看球要看李惠堂。”这是30年代在上海流传的一句话。在旧中国，一位体坛人物能够和京剧大师梅兰芳的名字相提并论，确实非凡。他以顽强的拼搏精神、高超的球艺，赢得了“亚洲球王”称号。1976年，在联邦德国一家权威性足球杂志组织的评选活动中，李惠堂与巴西的贝利、英格兰的马修斯、西班牙的斯蒂法诺、匈牙利的普斯卡士齐名，被评为“世界五大球王”之一。其时，中国足球在亚洲逐渐发展强大，和李惠堂一起，涌现出了第一批开天辟地式的先驱，第一次出现代表国家外战的正规球队。这是一种标志，中国足球开始起步，足球在中国成为规范化的竞赛。1915年到1934年，中国获得了远东运动会的九连冠，并于1936年、1948年两次入围奥运会。这时的中国足球，在亚洲是当之无愧的霸主。随后的时间内，由于政治等因素，整个世界足坛都出现了一段真空，中国足球也不例外。

中华人民共和国成立后，中国国家队曾集体去匈牙利留学，并于1958年回国，可惜冲击1958年世界杯决赛失败，打击不小。或许这应该算作中国足球在整个20世纪的第一大事，它背后的深远意义，绝不仅仅是第一次整支国家队出国留学，第一次出现外籍国家队主帅这么简单。最重要的，是它为中国培养了第一批现代足球运动的骨干，李凤楼、陈成达、年维泗这批人，日后不但成为国家队主力，更长时期地处于中国足球的统帅地位，他们自身的素质、能力、魄力在此后几十年里直接引导着中国足球的发展，影响着中国足球的命运。他们言传身教出的后辈，无论是在当球员、当教练还是主管领导工作方面都深深带有前辈的烙印。因此，这批人成为现代中国足球的开拓者和奠基人，是当代所提及的真正意义上的中国足球之根源。

其后的时间，是十年“文化大革命”，在一个“政治第一”的年代，足球被禁止了。改革开放之后，苏永舜率领中国队冲击1982世界杯失败。这是中国足球长期封闭、重返国际足联后首次冲击世界杯出线权，实质上它是中国足球当代史的开端。它是中国足球与外界第一次全方位的碰撞与较量，使中国人第一次意识到现代足球竞技的“残酷”，初步接触到以主客场为代表的国际足坛的通行赛制。整个过程经中央电视台现场直播，传遍整个中国，为中国培养出第一批看九寸黑白电视、读八分钱一份足球报的球迷群体，中国足球史上第一次出现“一球牵动亿万心”的热潮，球星的概念开始形成，冲出亚洲走向世界的口号至今依然是中国足球几代人的奋斗目标。

1985年5月19日，由于中国队在世界杯预选赛中失去出线权，在场球迷情绪激昂，气愤难平，无处发泄，进而演变成打砸抢的街头暴乱。从此，中国足球不再孤立地被当作体育运动，而更多地从文化角度被当作中国社会的一个窗口。国家队主教练曾雪麟引咎辞职，不仅仅因为比赛的失败，更被当成安抚民族主义情绪、稳定社会的“替罪羊”。这意味着中国足球被赋予了沉重的社会使命，在这种背景下，保守风气逐渐弥漫了整个中国足坛。中国队在亚洲从极盛转向衰落，技战术风格从主动进攻演变为防守反击，逐渐向二流水平滑落。1988年的奥运会和1990年的世界杯，中国队擦肩而过，因为两个“黑色三分钟”。进入现代足球的中国队，抓住东西亚分治，不必硬碰主要对手韩国队的历史机遇，第一次从真正意义上冲出了亚洲。但中国足球却未能把握住这次难得的机会以使自身有质的飞跃，因此进军奥运并未带来太多的影响。反倒是次年的世界杯预选赛所带来的冲击与反响要强烈得多，中国队两次在领先的有利形势下，两次在终场前三分钟内连失两球，痛失冲出去的历史良机。尽管又一次失败，但这种极度戏剧性的结果，使足球在中国社会受关注的程度又达到了空前的高峰。

1978年开始改革开放，但我国足球与“洋教头”的“再一次亲密接触”却一直等到了90年代。1992年，谋求开拓发展的中国队请来了施拉普纳，但是冲击1994年世界杯又再次失败了。施拉普纳成为第一任来华执教的国家队主帅，他在中国短短不到两年的时期，是中国足球由专业化向职业化过渡的分水岭。虽然施拉普纳率队打出亚洲杯季军的成绩，也给中国队带来足球发达地区的部分理念，但限于他自身的水平与中国的实际国情，导致中国队失败的必然结果。在施拉普纳之后引发了继续引进洋教练还是仍由中国人出任国家队主帅的争论，随着中国足球与国际的接轨，这种争议已不复存在。

职业化联赛之前的格局是辽宁的一统天下，作为中国足球第一大省，辽宁建立了1984年到1993年的十连冠王朝。实际上，东北地区足球运动发展早在20世纪50年代已居中国前列，但直至80年代初，以李应发为代表的辽宁队，才逐渐确立了辽宁足球在中国无可撼动的霸主地位。他们以每年夺一冠的方式，建立起十连冠王朝，其中包括代表中国最高水平的全运会、全国甲级联赛、足协杯冠军称号，以及迄今为止最早的中国球队获得洲际冠军亚俱杯的纪录。甚至在今天，职业联赛七年五夺冠的大连队，仍然带有当初的影子。辽宁足球成为中国足球最大的组成部分，在很大程度上左右了中国足球的辉煌与失落。

1994年，中国足球职业联赛全面启动，这意味着中国足球进入了一个新的时期。职业化本意是通过建立竞争机制，从而使球员完成“要我练”到“我要练”的良性转变。结果这一无心插柳之举使足球成为一项巨大的产业。但职业联赛又衍生出一系列新问题，如假球、黑哨、球员素质不升反降等，随着投入的增加愈演愈烈，到了不可收拾，甚至使中国足球改革进行不下去的程度。与此同时，中国球员外战中一系列拙劣的表现，终于使中国足球自我定位在亚洲二流上。1997年，戚务生“明知不可为而为之”，冲击世界杯力不从心，所以惨败大连金州，国人继续失望。本土教练的水平局限使得中国队不得不再次寄望于外教，随后霍顿来了，这位曾经的中国国家队和国奥队的主教练，花了两年时间和若干美金的“英国绅士”终究没有经得起“实践是检验真理的唯一标准”的考验。他的“平行站位”“长传冲吊”理念没有拯救得了中国队。我们的打法没有变数和套路，结果只能那样。可惜一代那么有潜力的队员同他们的前辈一样被写入了失败者的史册。但是，和施拉普纳一起，他们的足球思想却大大影响了中国足球。因此，中国足球坚定不移地走起了外教之路。

除了传统的男子足球，中国也努力发展女子足球。中国女足于1982年建立，但是长期以来女子足球在中国并不普及，仍然处在可有可无的从属地位，体制和思维方式仍然停留在专业体育时代，第一代女足球员仍然活跃在赛场上。只有在1996年奥运会、1999年世界杯上中国女足两度冲击冠军未果，屈居亚军之后，全国才掀起一定的女足热。

在1994年之前，中国国内的足球队均为专业队，大多数由各地足球协会管理，名称也以各省市的地名为主。此外，中国还有相当数量的下属于不同国有事业单位的行业体协，比如铁道部下属的火车头队、军队下属的八一队、武警部队下属的前卫队等。

1992年6月，中国足协在北京西郊的红山口召开了著名的“红山口会议”，将职业化作为足球改革的突破口。职业化的主要动机是让各参赛球队脱离原有的政府行政体育机制，完全以商业化和市场化作为生存发展的手段。红山口会议后，中国出现了第一批足球俱乐部，不过其中很多是并未完全脱离原地方体委的个体，比如北京国安、广州太阳神。直到1993年12月上海申花成立，中国才出现了完全脱离政府机制的职业足球俱乐部。与此相反，诸如辽宁队、八一队等原专业体制下的老牌劲旅，则多年内始终无法真正脱离原有政府行政关系，最终面临降级甚至解散的困境。1994年，第一届职业化的甲A联赛开始。职业化的甲A联赛、甲B联赛一共进行了10年，2003年赛季结束后，改制为中国足球超级联赛和中国足球甲级联赛。中超成立的目的是希望仿照英格兰足球超级联赛等欧洲先例，由各职业联赛俱乐部自主管理和运营赛事，逐渐脱离中国足协的管理。中国足协转而负责各级国家队比赛、青少年运动员培养等任务，以及组织足协杯等其他赛事。

2013年6月15日，中国国奥队在合肥体育中心1：5惨败于泰国国奥队，这场比赛再次将中国国足推向舆论的风口浪尖，很多人表示不再相信中国足球，甚至有个别高校校队出面公开挑战国足，实在是场闹剧。时至今日，足球已经成为一个具有世界影响力的体育运动，在足球新政策的影响下，足球运动得到了社会各个阶层的大力支持，带动了国家体育事业的蓬勃发展。2015年3月16日，国务院颁布《中国足球改革发展总体方案》。对于当下的中国足球进行了一系列的改革。中华人民共和国国家主席习近平将足球世界杯称为“中国梦”的重要组成部分，这也将中国足球的发展上升到了国家高度。他对中国足球有三个愿望：“一是中国足球队进入世界杯，二是中国能举办世界杯，三是中国有朝一日能够获得世界杯。”表明了国家领导人对中国足球事业的高度重视。“足球梦”也是“中国梦”。当我国各项事业都在蓬勃发展时，国人渴望着中国足球能够“冲出亚洲、走向世界”，在世界最大舞台上展示出中国的强盛国力。

第三节　足球在世界

足球起源于古代中国，叫蹴鞠，而现代足球起源于英国。在中世纪的英国，足球已成为许多年轻人所热衷的一项活动，他们在狭窄的街道上追逐皮球，经常将皮球踢到街边人家的窗子上。于是英国国王不得不下令禁止踢足球。从12世纪到16世纪，英国国王先后四次发布过“足球禁令”。不过，由于足球运动的特殊魅力，禁令也未能使它夭折。

1848年，足球运动的第一个文字形式的规则《剑桥规则》诞生了。所谓的《剑桥规则》，即是在19世纪早期的英国伦敦、牛津和剑桥之间进行比赛时制定的一些规则。当时每队有11个人进行比赛。因为当时在学校里每套宿舍住有十位学生和一位教师，因此他们就每方11人进行宿舍与宿舍之间的比赛，当前的11人足球比赛就是从那时开始的。

1857年，英国谢菲尔德俱乐部成立，这是世界上第一个足球俱乐部。在英国又成立了第一个足球协会（英足总），并统一了足球规则，人们称这一天为现代足球的诞生日。这次制定的足球规则共14条，它是现今足球规则的基础。从1900年的第2届奥运会开始，足球被列为奥运会正式比赛项目，但它不允许职业运动员参加。

1904年5月21日，国际足联在巴黎成立。1904年，英国、法国、荷兰、比利时、西班牙、瑞典和瑞士七个国家的足球协会在法国成立了国际足球联合会，并推选法国人盖兰为第一任国际足联主席。自1930年起，每四年举办一次世界足球锦标赛（又称世界杯足球赛），比赛取消了对职业运动员的限制。

国际足联世界杯（FIFA World Cup），简称“世界杯”，是世界上最高荣誉、最高规格、最高竞技水平、最高知名度的足球比赛，与奥运会并称为全球体育两大顶级赛事，甚至是影响力和转播覆盖率超过奥运会的全球最大体育盛事。世界杯是全球各个国家在足球领域最梦寐以求的神圣荣耀，也是各个国家（或地区）所有足球运动员的终极梦想。世界杯每四年举办一次，任何国际足联会员国（地区）都可以派出代表队报名参加这项赛事。世界杯是世界足球运动发展推广普及的源头和根本，所以也被誉为“生命之杯”。巴西是夺得该项荣誉最多的球队，共获得5次世界杯冠军，并且在3夺世界杯后永久地保留了前任世界杯雷米特杯。现在的世界杯是大力神杯，4夺世界杯冠军的德国在1974年首次捧杯并沿用至今，两者统称为世界杯。

中国曾在2002年首次晋级第17届韩日世界杯决赛阶段32强。

早在1904年5月21日，国际足联的第一任主席法国人罗贝尔·盖兰，第一次向各国足坛领导人提出了这种想法，并责成其秘书长荷兰人希尔施曼为此起草一份文件。但由于表示愿意参加的国家不多，而且由于政治上的不和，这项计划流产了。第一次世界大战结束后，巴黎红星队的创始人于勒·雷米特先生当选为国际足联主席，他又重新操起了这项搁浅的计划。

他向各国足球界领导人做了大量的说服工作，竭力证明：一项世界性的足球比赛完全可以同顾拜旦创立的奥运会比赛并行不悖，并且能够兴旺发达。他苦口婆心，耐心之至，终于，1925年在布鲁塞尔的一家饭店内，乌拉圭外交官布埃罗代表两届奥运会足球冠军得主乌拉圭队，正式对雷米特表示支持，这在当时起了不小的作用。1926年12月10日，国际足联在巴黎召开了一次工作会议，瑞士、匈牙利、法国、奥地利、德国等许多国家都派代表参加了这次会议。4个月后，会议的草案被提交给各国足协。1927年6月5日，在国际足联召开的赫尔辛基会议上，以23票赞成、5票反对（北欧国家表示反对）、1票弃权（德国）通过了巴黎工作会议议案。1956年，国际足联卢森堡会议上，把锦标赛的名称改为“雷米特杯赛”，以表彰前国际足联主席法国人雷米特为足球事业所做出的巨大贡献。后来，有人建议把两个名字连在一起，称为“世界足球锦标赛——雷米特杯”，最后在赫尔辛基的代表会议上，最终更名为“世界足球冠军杯——雷米特杯”，简称“世界杯”，每四年举办一届。

第一届世界杯于1930年7月13日至30日在乌拉圭举行。因为乌拉圭是最早开展足球运动的国家之一，又于1924年、1928年蝉联两届奥运会足球冠军，1930年，又恰逢乌拉圭独立100周年，因此第一届世界杯就决定在乌拉圭举行。该届世界杯共有13个国家参加，其中包括9个南美国家及4个欧洲国家。东道主乌拉圭以四战全胜的战绩夺得冠军，阿根廷的斯塔比莱以8个进球获得最佳射手，第一个进球由法国人吕西安·洛朗创造。

世界杯是1928年FIFA为获胜者特制的奖品，是由巴黎著名首饰技师弗列尔铸造的。其模特是希腊传说中的胜利女神尼凯，她身着古罗马束腰长袍，双臂伸直，手中捧一只大杯。金杯高35厘米，重3.8千克，为银杯镀金铸成，立在大理石底座上。此杯为流动奖品，谁得了冠军，可把金杯保存4年，到下一届杯赛前交还给国际足联，以便颁发给新的世界冠军。此外有一个附加规定是：谁三次获得世界冠军，谁将永远得到此杯。1970年第九届世界杯赛时，乌拉圭、意大利、巴西都已获得过两次冠军。因此都有永远占有此杯的机会，结果是巴西队捷足先得，占有了此杯。为此，国际足联还得准备一个新奖杯，以发给下届冠军。1971年5月，国际足联举行新杯审议会，通过对53种方案评议后，决定采用意大利人加扎尼亚的设计方案——两个大力士双手举起地球的设计方案。这个造型象征着世界第一运动的规模。新的奖杯定名为“大力神杯”，该杯高36.8厘米，重6.175千克，其中4.97千克的主体由真正的纯金铸造。底座由两层孔雀石构成，珍贵无比。国际足联规定新杯为流动奖品，不论哪个队获得多少冠军，也不能永久占有此杯。在大力神杯的底座下面有能容纳镌刻17个冠军队名字的铭牌——可以持续使用到2038年。大力神杯是现今足球世界杯的奖杯，是足球界的最高荣誉的象征，无论从构造、价值、珍贵度等方面来看，都绝非世界上其他任何奖杯可比。

世界杯赛程分为预选赛和决赛两个阶段。世界杯预选赛阶段比赛分别在六大赛区进行，分别是欧洲、南美洲、亚洲、非洲、北美洲和大洋洲赛区，每个赛区需要按照本赛区的实际情况制定预选赛规则，而各个已报名参加世界杯的国际足联（FIFA）会员国（地区）代表队，则需要在所在赛区进行预选赛，争夺进入世界杯决赛阶段的名额。世界杯决赛阶段的名额是32个，决赛阶段主办国可以直接获得决赛阶段名额，除主办国外，其他名额由国际足联根据各个预选赛赛区的足球水平进行分配，不同的预选赛赛区会有不同数量的决赛阶段名额。

从1938年第三届世界杯开始，规定上届冠军和东道主可以直接晋级，但是2002年因为上届冠军法国在韩日世界杯表现太差，所以国际足联规定，从2006年世界杯预选赛起，上届冠军需要参加其所属区域内的世界杯预选赛，从而只有东道主可以入围决赛圈的比赛，南非世界杯东道主未能从小组出线，但是国际足联并未取消东道主直接晋级的资格。决赛阶段的主办国必须是国际足联（FIFA）会员国（地区），而且会员国（地区）需要向国际足联提出申请（可以两个会员联合申请承办），然后通过全体国际足联（FIFA）会员国（地区）投票选出。

作为当今世界影响力最大的单项体育盛会，世界杯亦开始日趋商业化，高额赞助合同令人咂舌。2010年南非世界杯国际足联颁出高达4亿美元的总奖金给予各个球队，开创了世界体育史最高奖金纪录。各个参赛国亦对球员以及球队开出高额的奖金以刺激成绩。

世界杯带给主办国的直接经济效应更是立竿见影。早在1982年，西班牙因为主办世界杯就获得高达63亿美元的旅游收入，2006年德国世界杯更是为德国带来110亿美元至120亿美元的直接经济收入。在一些国家，例如中国，虽然国家队屡次无法进入世界杯，但世界杯仍旧带来客观的经济影响。2010年南非世界杯开始前，如往常一样，中国国家广电总局规定只有中央电视台有独家的转播购买权利，有传媒报道CCTV仅在广告费方面的收入就超过20亿元人民币，可谓赚得盆满钵满，而中国的一些啤酒企业，甚至股票市场都会因为世界杯的举行产生波动。

世界杯赛影响力亦体现在多国的政治领域，通常夺冠球队与表现出色的球员都会被各国视为民族英雄。甚至在德国世界杯上，东道主德国队即使没能夺取最后的冠军，但德国总统科勒尔仍旧在总统府接见了获得季军的球队。球队英雄世界杯金靴奖得主克洛泽被总统亲自受勋。德国世界杯的比赛，包括德国总理默克尔、英国首相卡梅伦、意大利总统纳波利塔诺、法国总统奥朗德、联合国秘书长潘基文等多名政要，以及英国女皇伊丽莎白二世、西班牙国王胡安·卡洛斯等各国皇室成员都会亲临赛场观看比赛。

第四节　足球的魅力

一、运动的精华

足球本身集合了人类各运动的特点。运动员之间的突然起动，竞跑争球，就像是短跑；守门员上纵下跳，横扑侧扑，就像跳跃项目；那些柔韧性好的运动员一个倒挂金钩、鱼跃冲顶，像体操；两个运动员之间的合理冲撞，又有点像橄榄球的展现力与美。

二、大众化

足球运动本身对参与者的要求不高是个重要原因，踢足球的运动员，高矮胖瘦问题都不大，不像其他运动，这样就给全世界的所有孩子提供了做“巨星梦”的机会。

三、不可预知性

足球运动比赛结果的偶然性是造成全世界球迷狂热的重要原因。因为在足球世界里，没有绝对的强队。

四、环　境

球迷就像食客，有一道让人垂涎三尺的足球大餐，但是“吃”的气氛要好。热闹、大气、壮观，这些足球场都具备了。

五、自由和激情

足球规则简单，对球员的限制很少，在规则允许的范围内可以随心所欲地做动作，尽情发挥自己的特长，用各种意想不到的方式进球和庆祝进球。

六、普及性和影响力

世界上共有超过130多个国家拥有足球职业联赛，而篮球只有30多个国家拥有职业联赛。世界杯的影响力超过奥运会，是世界第一大赛，世界杯举行的一个月可以让地球上三分之一的人疯狂，可以让无数人为了看世界杯放弃一切，可以让32个国家的首脑坐在球场上看球。

七、激烈的竞争

世界杯众多的强队使得比赛更加激烈。作为世界足球的重心，欧洲五大联赛相互制衡。作为世界上水平最高的足球比赛，欧冠联赛更是百家争鸣，百花齐放。

八、团队意识

足球比赛中每支球队场上有11名队员，是上场人数比较多的球类运动，也是最依赖团队配合的运动。

九、争议性

“足球最大的魅力在于它具有争议性”，一位有远见的老人说了一句有远见的话，这个老人是国际足联前主席阿维兰热。没错，如果足球比赛都是判罚得很“死”、很机械的话，那足球就失去了它巨大的魅力。

十、足球文化深厚

足球是一种文化现象。了解足球，能够了解各国文化。桑巴军团、蓝衣军团、高卢雄鸡、日耳曼战车、斗牛士、三狮军团、潘帕斯雄鹰、非洲雄狮、北欧海盗、非洲大象、无冕之王……这些绰号，作为球迷，都会知道。

第五节　足球的教育功能

一、素质教育的重要性

在当今社会，随着科学技术的迅速发展，国力竞争日趋激烈，教育作为经济发展的基础，国家综合能力的发展越来越取决于劳动者的素质，这对于培养我国新一代青年提出了更加迫切的要求。学校在全面推进素质教育的今天，各个学科在教学过程中都要义不容辞地落实素质教育。就足球运动本身而言，对于小学生、中学生、大学生来说，它都具有快乐功能、健身功能、交往功能、合作功能和教育功能。在足球竞赛和足球教学活动中，要把二者有机地结合起来，充分发挥学生的主观能动性，能在学到足球技术的同时，使学生形成良好的思维方式，培养美好的健康情感，提高学生的创造力，完善学生的自我身心修养。这样一来，素质教育就能和足球课完美结合。

二、足球运动在素质教育中的作用

足球作为世界第一运动，在世界范围内是一项群众基础好、开展范围广，非常适合开展的体育运动，足球本身就带有趣味性，受到了青少年学生的喜爱，由于足球运动的魅力和特点，足球在学校体育中发挥了独特的作用。不论从娱乐性、交往性、健身性、竞争性，还是从全面发展身体素质等方面，足球运动都可以作为实施素质教育的内容和手段，对于促进学生素质教育发展具有重要的意义和作用，对培养全面发展，适应当今社会需求的人才具有积极的促进作用。

三、个性培养

足球运动能够培养学生独立思考、快速抉择、勇猛顽强、不畏失败、沟通交流、信任尊重、持久专注、团结协作、丰富创造力等品质。

校园足球的开展能够提高学生参加体育活动的兴趣、上课的注意力以及身体的平衡性和协调性，视觉和听觉的记忆能力等。校园足球运动更能提高学生的身体素质，有利于协调学生的心理和情感状态，使他们有充沛的精力投入学习中去。

鼓励孩子们去参加足球活动，使他们从中认识和领悟到一系列的优良品质，并能迁移到其他领域当中。足球运动所拥有的教育功能是其他任何体育项目无法实现的，它与学校的教育教学目标一致，因此校园足球的开展是非常必要的。

第六节　不同年龄组青少年儿童的特点

不同年龄组的儿童具有不同的特点，我们可以将其分为三个阶段：一是6～8岁儿童阶段；二是8～10岁发育前阶段；三是10～12岁青少年发展阶段。

一、6～8岁阶段的青少年儿童发展特点

1.身体较为柔弱，对抗能力较差，身体素质较弱。

2.注意力集中时间较短。

3.有较强的模仿能力。

4.为自己而战。

5.足球能给他们带来足够的快乐，满足他们的欲望。

二、8 ~ 10岁阶段的青少年儿童发展特点

1.耐力和速度迅速提高，具有很好的协调性。

2.更加自信。

3.有较高的分析能力。

4.视觉模仿能力更强。

5.团队意识增强。

6.踢球的欲望愈发强烈。

三、10 ~ 12岁阶段的青少年儿童发展特点

1.这一年龄段的学生会有较大的生理变化。

2.在运动能力上具有更强的平衡和协调能力。

3.随着年龄的增长，学生具有一定的批判思想和逆反心理，这一阶段的学生具有一定的分析能力。

4.在心理和性格发展中注意力品质逐渐形成。

5.这一阶段的学生想象力增强。

6.学生的身体素质不断提高，对抗能力加强。

第二章　快乐足球的教学内容与动作教法

第一节　带球的基本动作

一、脚背正面运球

动作方法： 身体自然放松，上体稍前倾，两臂自然摆动，步幅不宜过大。运球脚提起时，膝关节弯曲，脚跟提起，脚尖下指。在迈步前伸脚着地前，用脚背正面向前推拨球前进。

动作要领： 身体放松，摆臂自然，膝关节弯曲，脚跟提起，脚尖下指。

易犯错误： 运球时，不是推拨球，而是捅球，球离身体过远，失去控制，支撑脚离球过远，身体后仰；触球后，身体重心不能随球前移。

纠正： 多做原地运球练习，体会脚与球接触的感觉，反复做无球跑动练习，提醒自己重心降低。

练习与提高： 学生按动作要领做无球跑动模仿练习。提醒自己注意重心降低，身体放松，走动中用单脚脚背正面运球，慢跑中用单脚脚背正面运球，逐步提高难度，最后到快跑。

二、脚背外侧运球

动作方法：跑动时身体自然放松，上体稍前倾，两臂自然摆动，步幅要小些。运球脚提起时，膝关节弯曲，脚跟提起，脚尖稍内转。在迈步前伸脚着地前，用脚背外侧向前推拨球，球直线运行。向前侧推拨球，球曲线或弧线运行。（图2-1）

动作要领：身体放松，摆臂自然，膝关节弯曲，脚跟提起，脚尖内转。

易犯错误：运球时，膝关节没弯曲，推球力量大，球离身体过远，失去控制，脚尖不内转，触球部位不正确，控制不好运球方向。

纠正：按动作要领做无球模仿练习。原地做用脚背外侧将球推拨出去后，用脚底拉回，再推拨出去，反复练习。

练习与提高：走或慢跑中做脚背外侧直线运球，一步一触球。熟悉后加快和变向。

图2-1 脚背外侧运球

三、脚内侧运球

动作方法：跑动时身体自然放松，上体稍前倾并稍向运球方向转动，两臂自然摆动，步幅要小些。运球脚提起时，膝关节弯曲，脚跟提起，脚尖稍外转。在迈步前伸脚着地前，用脚背内侧向前侧推拨球，球向前侧曲线或弧线运行。

动作要领：运球时，支持脚稍向前跨，踏在球的前侧方，膝关节稍弯曲，上体前倾并向里转。随着身体的向前移动，运球脚提起，用脚内侧推球的后中部。

易犯错误：运球时，膝关节没弯曲，推球力量大，球离身体过远，失去控制，脚尖不外转。

纠正：按动作要领做无球模仿练习。原地做用脚背内侧将球推拨出去后，用脚底拉回，再推拨出去，反复练习。

练习与提高：走或慢跑中做脚内侧直线运球，一步一触球，逐步到快跑和变向。

四、运球时的常用动作：拨球、拉球、扣球、挑球等

（一）动作要求

拨球：是指用脚腕的扭拨动作，以脚背内侧或脚背外侧触球，使球向侧方或侧前方运动，用脚背内侧拨球的动作称“里拨”，用脚背外侧拨球的动作称“外拨”。

扣球：是指用突然的转身和脚腕急转扣压动作以脚背内侧或脚背外侧触球，将球向侧后方停下或改变方向运行。用脚背内侧扣球的动作称“里扣”；用脚背外侧扣球的动作称“外扣”。

拉球：是指用脚掌将球由前向后或由左（右）向右（左）拖拉球的动作。

挑球：一般是指用脚背与脚尖翘起上挑的动作或用脚背上撩的动作，使球向前上方改变方向。

（二）动作要领

身体放松，动作准确。

（三）易犯错误与纠正

触球用力过大，使球远离自己而失去控制，拨、拉、扣、挑球动作与身体重心移动配合得不好，使下一个动作衔接不上。

（四）纠　正

在规定的范围内进行慢节奏的拉、扣、拨、挑球动作练习，然后使范围逐渐缩小，做拨、拉、扣、挑球动作的单一练习，增加熟练程度后再做组合动作。

（五）练习与提高

各个动作反复练习，直到能够自如适当地运用各个动作。

第二节　脚踢球的基本动作

一、脚背颠球

动作方法：用脚背正面以适当的力触及球的正底部，以膝关节为轴向前上方自然摆动小腿。保持正脚面的脚形，脚趾可以适当弯曲。重心在支撑腿上。（图2-2）

动作要领：身体放松，脚面击球时脚踝固定 。

易犯错误：膝关节没有弯曲摆动，脚趾向内弯曲过度。

纠正：以膝关节为轴向前上方自然摆动，脚趾根据触球部位适当弯曲。

练习与提高：可以不连续颠球，弹地一下颠球，找正确的触球部位，逐渐过渡到连续不间断地双脚颠球。

图2-2 脚背正面颠

二、脚内侧踢球（脚弓踢球）

（一）地面球

动作方法：它是脚内侧部位踢球的一种方法。直线助跑，支撑脚站在球的侧面10~15厘米处，支撑脚脚尖正对出球方向，支撑腿膝关节微屈。踢球腿大腿带动小腿由后向前摆动，在前摆的过程中大腿外展，当膝关节的摆动接近球的正上方时小腿做爆发式摆动。在触球前，踢球脚脚后跟与出球方向垂直，脚底与地面平行，脚尖微微跷起，脚踝固定，触（击）球后身体跟随移动，髋关节向前送。（图2-3）

动作要领：注意支撑脚的位置，支撑腿与踢球腿膝关节都自然微屈。

易犯错误：踢球腿没有后摆或后摆较小，反而将球踢出以至前摆过大。

纠正：让支撑脚与踢球脚形成相应的距离来提高后摆。

练习与提高：一人踩住球，另一人反复练习，观察动作准确性，逐步形成两人对传。

图2-3　脚内侧踢地面球

（二）空中球

动作方法：根据来球速度和运行轨迹及时移动到位，踢球腿大腿抬起外展，小腿后摆，利用小腿由后向前摆动击球的中部。（图2-4）

动作要领：踢球腿大腿抬起外展充分。

易犯错误：踢球的部位不准，出球偏离目标。原因在于不能适当地使踢球腿抬起与来球高度形成相配合的击球点。

纠正：要根据来球的高度选择好踢球腿的摆动。如对踢接近髋关节高度的空中球时，上体应往支撑腿侧偏，使踢球腿能抬至相应的高度。逐步练习即可纠正。

练习与提高：抛球距离由近及远，反复练习。

图2-4　脚内侧踢空中球

三、脚背正面踢球（正脚背踢球）

（一）地面球

动作方法：直线助跑，支撑脚在球的侧面10~15厘米处，脚尖正对出球方向，膝关节微屈，支撑的同时踢球腿以髋关节为轴，大腿带动小腿由后向前摆动。当膝关节摆至接近球的正上方时，小腿做爆发式摆动，以脚背正面部位击球的后中部。击球后身体及踢球腿前移。（图2-5）

动作要领：提膝顶髋，踢球腿由后往前爆发式摆腿，脚面紧绷。

易犯错误：脚背与球接触点不准确，影响了出球方向与力量。

纠正：只要在正脚背触球前看准球的部位并多加练习，即可得到纠正。

练习与提高：一人踩住球，另一人反复练习，观察动作准确性，逐步过渡到射门。

图2-5　脚背正面踢地面球

（二）反弹球

动作方法：根据球速、轨迹、落点，支撑脚踏在球落点的侧面。在球落地时，踢球腿爆发式前摆，在球刚弹离地面时，用脚背正面击球的中部，并控制小腿的上摆（膝关节折叠、送髋）。

动作要领：提膝，且膝关节折叠，脚踝固定，脚面紧绷，爆发式摆动。

易犯错误：对球的反弹高度判断不好，造成摆腿击球时间不当，出现踢空或者触球部位不准现象。

纠正：纠正时，先是用手抛球来控制球的速度，体会摆腿击球时间与时机。

练习与提高：自己手抛球由低到高，再到两个人相互抛球，逐步增加难度。

四、脚背内侧踢球（又称内脚背踢球）

动作方法：斜线45° 助跑，脚尖朝向出球方向，距球内侧后方15~20厘米，膝关节微屈。支撑同时，踢球腿完成后摆，并开始以髋关节为轴，大腿带动小腿由后向前摆动，当大腿摆至与支撑腿接近同一平面时，小腿做爆发式摆动，此时脚内侧外转、脚背绷直，以脚背内侧部位触击球。重心向前。（图2-6）

动作要领：注意支撑脚与球的距离，踢球腿由后往前爆发式摆腿，脚面侧向紧绷。

易犯错误：支撑脚位置偏后，踢球时身体或臀部后坐，脚触击球的后下部等。踢出球偏高。

纠正：纠正时调整支撑脚的位置，在脚触球的同时蹬地送髋保持水平方向移动。

练习与提高：一人踩住球，另一人反复练习，观察动作准确性，逐步过渡到长传与射门。

图2-6 脚背内侧踢球

五、脚背外侧踢球（外脚背踢球）

动作方法：助跑、支撑脚站位及踢球腿摆动均与脚背正面踢球技术的三个环节相同，脚触球是用脚背外侧部位。此时要求膝关节和脚尖内转，脚背绷紧，脚趾紧屈并提膝，触（击）球后身体随踢球腿的摆动前移。

动作要领：触球前膝关节和脚尖内转，脚背绷紧。

易犯错误：脚尖内转不够，脚踝、脚面松弛。

纠正：纠正时教练或者老师用手帮助其脚尖内转充分，保持脚踝固定，脚背紧绷。

练习与提高：一人踩住球，另一人反复练习，观察动作的准确性，逐步拉开距离。

第三节　接停球的基本动作

一、脚内侧停球

（一）脚内侧停地面球

动作方法：支撑膝关节微屈，同侧肩正对来球。停球腿提膝大腿外展，脚尖微跷，脚底基本与地面平行，脚内侧正对来球并前迎，当脚内侧与球停触的瞬间后引来球，把球停在脚下。当来球力量不大时，只需将脚同上动作稍微抬起，并使脚内侧与地面形成锐角轻触球。也可在用下切动作使球前进之力部分转变为旋转力，而将球停在脚下。

动作要领：停球腿提膝大腿外展，脚尖微跷，脚底基本与地面平行，与球停触的瞬间后引来球。

易犯错误：脚底不离开地面，用脚和身体挡球。没有后引动作。

练习与提高：停来球力度逐步加大，注意观察动作的准确性。

（二）脚内侧停反弹球

动作方法：及时移动，根据球的落点，支撑脚与球的落点相对位置在球的侧前方，支撑腿膝关节微屈，身体向球运行的方向偏移；停球腿提起小腿放松，脚内侧对着球运行的方向并与地面成一锐角，脚尖微跷，当球落地反弹刚离地面时，大腿向停球后球运行的方向摆动，用脚内侧部位轻推球的中上部。用这种方法停球时，也可在触球时使球产生旋转以达到停好球的目的，但应注意球的旋转并及时加以调整。

动作要领：身体向球运行的方向偏移；停球腿提起，小腿放松，脚内侧对着球运行的方向并与地面成一锐角，脚尖微跷，当球落地反弹刚离地面时，脚内侧有下压的动作。

易犯错误：重心不随球的运行方向移动。

纠正：多加练习，重心一定要随球运行方向移动。

练习与提高：停球高度逐步增高，注意观察动作准确性。

（三）脚内侧停空中球

动作方法：横向来空中球，根据来球的高度，将停球脚举起前迎，脚内侧对准来球路线，在脚与球停触前的刹那开始后撤。在后撤过程中，用脚内侧停触球，把球控制在衔接下一个动作需要的位置中。纵向来空中球，是将脚提起对准选择的停球点，在脚内侧与球停触前的一刹那即开始后撤，后撤缓冲球的来速，将球停在地上。

动作要领：横向来空中球是由判断来球高度，来确定自己抬脚位置；纵向来空中球是由判断球下落速度和距离，选择出脚下切时机。

易犯错误：判断不好来球位置、高度、下落速度。

纠正：多加练习，掌握和判断好球的位置、高度、下落速度。

练习与提高：根据熟练程度，逐步提高球的速度、高度进行停球练习。

二、脚掌停球

动作方法：支撑脚站在球的侧后方，膝关节微屈，脚尖正对球，同时停球脚提起，膝关节自然弯曲，脚尖翘起高过脚跟（脚跟离地面稍低于球），踝关节放松，用脚前掌触球的中上部。

动作要领：支撑脚踏在球落点的侧后方。当球着地的一刹那，用脚前掌对准球的反弹路线，触球的后上部。如需要把球停到身后时，在脚掌接触球的一刹那，脚尖稍大压并做回拉，并以支撑脚为轴快速转身。

易犯错误：停球脚抬起过高，用脚掌踩球，使球漏过或停球不稳，踝关节过于紧张，停球不稳。

纠正： 当球着地的一刹那，判断好时机，用脚前掌对准球的反弹路线，触球的后上部，脚踝稍微固定。

练习与提高： 停球高度逐步增加，注意观察动作的准确性。

三、脚背正面停球

动作方法： 判断来球方向，将身体重心放在支撑脚上，膝关节微屈，停球脚提起迎球，脚背正面对准来球。当脚与球接触前的刹那开始下撤，缓冲来球力量，使球落在体前需要的位置上。（图2-7）

动作要领： 身体放松，脚背正面对准来球，下撤速度和球速相近。

易犯错误： 触球时，踝关节过于紧张，球停得离身体过远，停球脚下撤太晚，使球不能随脚下撤。

纠正： 脚踝微紧，使脚下撤速度和球下落速度相当。

练习与提高： 停球高度逐步增加，注意观察动作的准确性。

图2-7　脚背正面停球

四、脚外侧停球

（一）脚外侧停地面球

动作方法： 停球脚稍提起，膝关节和脚内转，以脚外侧正对来球，在支撑脚的前侧接触球的侧后方（偏支撑脚的一侧）。接触球时，要向停球脚外侧轻拨，把球停在侧前方或侧方。

动作要领：身体、脚踝放松，脚尖内转。

易犯错误：停球脚的踝关节没有放松，停球不稳。

纠正：脚踝放松，观察来球线路。

练习与提高：停球距离逐步拉大，注意观察动作准确性。

（二）脚外侧停反弹球

动作方法：面对来球，支撑腿的膝关节微屈。停球脚在支撑脚前方稍提起，脚内翻，使停球腿的小腿与地面成一定角度，踝关节放松。当球刚反弹离地面时，用脚外侧触球的侧上部，把球停在体侧。

动作要领：身体、脚踝放松，脚尖内转。

易犯错误：停球脚的踝关节没有放松，停球不稳，判断不好球的反弹时间。

纠正：脚踝放松，增加练习判断好反弹球的弹起时机。

练习与提高：停球高度逐步增加，注意观察动作的准确性。

五、大腿停球

动作方法：面对来球，停球腿大腿抬起，以大腿中部对准下落的球，肌肉适当放松。在大腿与球接触前的刹那，大腿迅速撤引挡球，使球落于衔接下一动作的需要位置。（图2-8）

动作要领：身体放松，面对来球，停球腿以大腿中部对准来球，肌肉适当放松，屈膝稍前迎。当大腿与球接触前的刹那，快速后撤挡球，使球落在衔接下一动作的位置上。

易犯错误：停球腿过于紧张，不能较好地缓冲来球力量；停球腿下撤过迟，使球不能随腿下撤。

纠正： 身体放松，停球腿下落速度应该与球的下落速度相当或者稍快。

练习与提高： 停球高度逐步增高，注意观察动作的准确性。

图2-8 大腿停球

六、胸部停球

动作方法： 准备停球时，面对来球，两脚前后开立，两臂自然张开，重心前移，挺胸迎球。当球运行到与胸部接触前的刹那，重心迅速后移，收胸、收腹挡住球，以缓冲来球力量，把球停在身前。如果要把球停向左（右）侧，则应在接触球前的刹那向左（右）侧转体，并用同侧胸部触球。（图2-9）

动作要领： 准备停球时，面对来球，收下颚，两臂自然张开，两脚前后开立，重心落在两脚之间，两膝微屈，当球运行到与胸部接触前的刹那，两脚蹬地稍上挺，同时展腹，上体稍后仰，配合挺胸动作使球弹起改变运行路线然后落于体前。

易犯错误： 停球时，球在空中的位置选择不准，未能用正确部位接触球；收胸停球时，收胸和收腹过晚，未能缓冲来球力量。

纠正： 多加练习，选择好停球部位，注意收胸时机。

练习与提高： 停球高度、速度逐步提升以增加难度，注意观察动作的准确性。

图2-9　胸部停球

第四节　掷界外球

一、原地掷界外球

动作方法：身体面对出球方向，两脚前后开立，屈膝后仰，两手自然张开，拇指相对，持球的后侧部并屈肘置球于头后。掷球后，后脚用力蹬地，依次进行摆体收腹、挥臂、甩腕，迅速有力地将球掷向预定目标。（图2-10）

动作要领：整个动作可用移重心、蹬地、挺髋、挥臂、甩腕、拨指来概括。要求从蹬地开始发力，由下至上协调连续地将球掷出。

易犯错误：双脚或者一只脚抬起或跳起，球不举过头顶，动作不连贯。

纠正：每一个动作都要按动作方法和要领来做，不然就会违例犯规。

练习与提高：反复练习，注意动作的准确性。

图2-10　原地掷界外球

二、助跑掷界外球

动作方法：助跑轻松自然，垫步的同时双手持球举过头顶。当最后一步踏地时，后脚开始蹬地，并且按照原地掷界外球的方法将球掷出。

动作要领：同原地掷界外球。

易犯错误：同原地掷界外球。

纠正：同原地掷界外球。

练习与提高：反复练习，注意动作的准确性，充分利用助跑获得的速度，全身协调用力，完成掷球动作。

第五节　抢截球

一、正面抢截球

动作方法：抢球者两脚前后开立，迎着运球者站立，两膝微屈，身体重心下降并置于两脚间，当运球者与抢球者间的距离缩小到一定范围（抢球者上前跨一大步可能触及球），运球者脚触球后即将落地或刚刚落地时，抢球者后脚用力蹬地并跨步向前，以脚内侧去堵截球。当已堵住球时，另一只脚应迅速上步。若抢球脚堵住球，同时对手也堵住球时，则抢球者应将另一只脚迅速前移做支撑脚，抢球脚在不脱离球的情况下迅速向上提拉，使球从对手脚面滚过，身体重心迅速跟上并将球控制好。

动作要领：身体重心下降，堵住球时迅速上步抢截球。

易犯错误：重心太高，上抢不迅速。

纠正：练习时重心降低，上抢时突然、迅速。

练习与提高：被防守者带球速度由慢变快，让抢球者找好步点，之后速度逐步加快。

二、侧面合理冲撞抢截球

动作方法：当防守者并肩与运球者跑动追球时，防守者重心稍下降，靠近对手一侧的手臂紧贴身体，利用对方同侧脚离地的过程，用肘关节以上部位适当冲撞对手同样部位，使对手身体失去平衡，趁机将球控制住。

动作要领：侧面靠近对手，肘关节以上部位适当冲撞对手同样部位。

易犯错误：手臂没有紧贴身体，将手张开，造成犯规。

纠正：手臂紧贴身体，用肘关节以上部位适当冲撞对手同样部位。

练习与提高：被防守者带球速度由慢变快，让抢球者找好步点，之后速度逐步加快。

三、正面铲球

动作方法：移动接近控球者，膝关节微屈，重心下降，当控球者触球脚触球后尚未落地时，抢球者双脚沿地面向球滑铲，随即用手扶地做向一侧的翻滚，并尽快起身。

动作要领：膝关节微屈，重心下降。

易犯错误：铲球脚离地面超过球的高度，易伤害对手造成犯规。

纠正：应双脚沿地面向球滑铲。

练习与提高：先做没有运球者的铲球练习，动作熟练以后再进行有运球者的铲球。

四、异侧脚铲球

动作方法：防守者应根据与球的距离，同侧脚用力蹬地使身体跃出，异侧脚向前沿地面对着球滑出，脚底将球铲出，然后小腿外侧、大腿外侧、手依次着地。或铲出球后身体向铲球腿一侧翻转，手撑地后立即起身，使身体恢复到与下一动作衔接的状态和位置。

动作要领：判断与球的距离，同侧脚用力蹬地，异侧脚向前沿地面对着球滑出。

易犯错误：由于时机选择不当或时机与实施的动作配合不当，未触及球而铲到对手造成犯规与失误。

纠正：找好铲球时机，出脚干脆。

练习与提高：先做没有运球者的铲球练习，把动作熟练以后再进行有运球者的铲球。

五、同侧脚铲球

动作方法：防守者在跑动中根据双方离球的距离做出判断，当对手不能立即触球时，异侧脚用力蹬地，使身体向前方跃出，同侧脚沿地面向前滑出的同时向外摆踢（脚踝应有向外的动作），用脚背外侧将球踢出。也可用脚尖将球捅出，接着向对手一侧翻转，手撑地迅速恢复到下一个动作所需要的位置。

动作要领：异侧脚用力蹬地，同侧脚沿地面向前滑出的同时向外摆踢。

易犯错误：动作不协调造成失误或影响下一个动作的衔接。

纠正：动作练习一定要做好协调。

练习与提高：先做没有运球者的铲球练习，动作熟练以后再进行有运球者的铲球。

第六节　头顶球

一、前额正面头顶球

（一）原地头顶球

动作方法：身体正对来球方向，眼睛注视运动中的球，两脚左右开立（或前后开立），膝关节微屈，重心置于两脚间的支撑面上（或后脚上），两臂自然张开。当球运行到将垂直于地面的垂线时，两腿用力蹬地，迅速向前摆体，微收下颌，在触球瞬间颈部做爆发式振摆，用前额正面击球中部，上体随球前摆。（图2-11）

动作要领：眼睛注视运动中的球，触球瞬间颈部做爆发式振摆。

易犯错误：顶球时闭眼，以致造成错误部位顶球。

纠正：顶球时眼睛注视运动中的球。

练习与提高：一人拿球，另一人去原地头触碰球，慢慢过渡到手抛球、脚踢球。

图2-11 原地头顶球

（二）跑动头顶球

动作方法：顶球的动作要领、方法与原地顶球相同，只是第一环节应正对来球跑出抢点。球顶出后，由于跑动速度较快，为保持平衡身体需随球向前移动。

（三）原地跳起头顶球

动作方法：两膝屈，重心下降，然后两脚用力蹬地起跳，同时两臂屈肘上摆，在身体上升阶段展腹挺胸，两臂自然张开，眼睛注视来球，身体自然成背弓。当球运行至身体额状面时，迅速收腹，上体前摆，触球瞬间颈部做爆发式振摆，用前额正面将球顶出。同时两腿向前做振摆，球顶出后两腿屈膝屈踝落地。

动作要领：眼睛注视来球，身体自然成背弓，触球瞬间颈部做爆发式振摆。

易犯错误： 对运行中球的速度、轨迹判断不准确，因而不能很好地选择顶球位置与起跳位置，顶不着球。

纠正： 从原地开始做由近及远的距离练习。

练习与提高： 抛球距离由近及远，最后到脚踢高球。

（四）跑动跳起头顶球

动作方法： 一般助跑跳起顶球时都使用单脚起跳。根据来球的速度、运行轨迹，选好起跳位置，及时跑到起跳点，起跳前一步稍大些，起跳脚用力蹬地跳起，同时另一腿屈膝上摆，两臂屈肘自然上提。其余各环节与原地跳起头顶球相同。

（五）鱼跃头顶球

动作方法： 当判断好来球的路线和选择好顶球点后，以单脚或双脚用力向前蹬地，身体接近水平状态向前跃出，同时两臂微屈前伸，手掌向下，眼睛注视来球，利用身体向前跃出的冲力，以前额正面顶球。顶球后，两手先着地，手指向前，接着以胸部、腹部和大腿依次着地。

动作要领： 顶球后，两手先着地，手指向前，接着胸部、腹部和大腿依次着地。

易犯错误： 跳起头顶球时，由于不能很好地控制身体，容易产生不协调的摆动，不仅影响出球的力量，也影响出球的准确性，甚至受伤。

纠正： 可多做一些无球模仿练习，使身体腾空后能协调地摆动。

练习与提高： 抛球距离由近及远，最后到脚踢高球。

（六）后蹭头球

动作方法： 分原地足顶与跳起蹭顶。第一环节分别与原地前额正面和跳起前额正面头顶球相同，当球运行到身体上空时，利用挺胸、展腹、扬下颌，身体向后上方伸展，用前额正面靠上的部位用力击球的下部，将球向后上方顶出。

动作要领：挺胸、展腹、扬下颌，身体向后上方伸展。

易犯错误：由于习惯性闭眼或害怕缩颈等使接触球部位不准，影响出球准确性。

练习与提高：抛球距离由近及远，最后到脚踢高球。

二、前额侧面头顶球

（一）原地前额侧面头顶球

动作方法：两脚前后开立（或左右开立），出球方向的异侧脚在前，重心逐渐过渡到前脚上，眼睛注视来球，前膝微屈，两臂自然张开，当球运行至体前上方时，前脚掌用力蹬地并适度旋转，上体随之向出球方向扭摆，同时用力向击球方向甩头，以前额侧面击球的后中部。

动作要领：前额侧面击球。

易犯错误：对运行中球的速度、轨迹判断不准确，因而不能很好地选择顶球位置与起跳位置，顶不着球。

纠正：从原地开始做由近及远的距离练习。

练习与提高：抛球距离由近及远，最后到脚踢高球。

（二）跑动前额侧面头顶球

动作方法：与原地额侧头顶球动作方法相同，不同的是此动作是在快速跑动中开始和完成的，注意完成动作后的身体平衡。

（三）跳起前额侧面头顶球

动作方法：分为原地跳起顶球与助跑跳起顶球。起跳动作及第一环节与前额正面跳起头顶球相同。在起跳后的身体上升阶段，上体向出球的相反方向侧摆，在身体达到最高点时，上体急速向出球方向摆出，颈部扭摆甩头，用前额侧面击来球的后中部，将球击向预定的目标。落地时屈膝以缓冲并保持身体平衡。

动作要领：颈部扭摆甩头，用前额侧面击来球的后中部。

易犯错误：跳起头顶球时，由于不能很好地控制身体，容易产生不协调的摆动，不仅影响出球的力量，也影响出球的准确性。

纠正：可多做一些无球模仿练习，使身体腾空后能协调地摆动。

练习与提高：抛球距离由近及远，最后到脚踢高球。

第七节　守门员技术

守门员接扑球的技术有很多，有原地的、移动的、倒地的接扑球，也有双手的、单手的以及用脚踢或挡球等。无论采用哪种方式接扑球，都要把球接稳，一旦脱手第二反应要迅速。当守门员接到球后，要立即发起进攻。可采用单手肩上掷球、低手掷球和勾手掷球等方法发起进攻；也可用抛踢空中球和反弹球的方法把球传给前场的同伴。现代足球比赛门前争夺日趋激烈，守门员的活动范围也越来越大，而且拳击球技术使用广泛。守门员要善于观察全局，尽可能组织和指挥全队的防守。守门员必须沉着冷静、果断勇敢，他的竞技状态直接影响到本队的士气和成败。为了守住球门，守门员要有敏锐的观察力和正确的判断力，善于选择位置。在校园足球训练中要积极鼓励想守门的同学，要充分保护他们，在小学阶段尽量不给守门员固定一个位置，尽可能让他们适应多个位置，这样更有利于他们今后的发展。

一、接　球

接球是守门员最主要的技术，它包括接地滚球、平空球和高空球。

技术动作要领

1. 接地滚球

（1）直腿式：两腿自然并立，脚尖正对来球，上体前屈，两臂并肘前迎，两手小指靠近，手掌对球。手触球的刹那随球后引屈肘、屈腕，两臂靠近将球抱于胸前。

（2）跪撑式：多用于向侧移步接球。接左侧球时，左腿屈，右腿跪撑于左脚附近，距离不得超过球的直径，其余动作与直腿式接球相同。接右侧球时，动作相同，方向相反。

2. 平空球

指膝以上、胸以下的空中球。接球时面对来球，两手掌心向上，两手小指相靠，前迎接球。上体前屈，当手触球时两臂向后撤引缓冲，将球抱于胸前。

3. 高空球

面对来球，两臂上伸，两手拇指相对呈“八”字形，其余四指微屈，手掌相对。在最高点手触球瞬间，手指、手腕适当用力，缓冲来球并将球接住，顺势转腕屈肘，下引将球抱于胸前。

二、击托球

守门员在与一个或多个对手争抢空间或自己身体失去平衡时，可运用拳击球。

（一）技术动作要领

1. 拳击球

准确判断来球运行路线，及时移动到位，握紧拳，在接近球的刹那迅速出拳击球。拳击球有单拳、双拳击球，单拳击球动作灵活，摆动幅度大，击球力量大。双拳击球接触球面积大，准确性高。

2. 托 球

判断来球运行路线后，向后跃起托球。托球时手指微张，手掌向外翻转，用手掌前部触球的下部，使球改变运行轨迹，呈弧线越过球门横梁 。

（二）易犯错误与纠正方法

1. 托球时，手触球部位不对。

纠正：自己抛球，练习托球，注意用手掌前部触球。

2. 托球用力方向不对。

纠正：强调用手掌前部触球，向后上方用力。

3. 拳击球时力量过小。

纠正：手臂收回，击球时动作快，摆动幅度大，击球就有力。

三、扑接球

（一）技术动作要领

1. 扑侧面球

异侧脚用力蹬地，双手快速向侧伸出，一手置于球后，另一侧手置于球的侧后上方。同时身体向同侧脚方向倒地，落地时以小腿、大腿、臀、肘外侧依次着地，落地后抱球团身。

2. 扑平空球

近侧脚用力蹬地使身体跃起，身体在空中伸展，手指用力抓住球，接球后以球、肘、肩、上体、臀、腿外侧依次着地并迅速团身。

（二）易犯错误与纠正方法

1. 扑侧面球时，手形不对，接不住球。

纠正：（1）倒地持球体会接球手形。（2）扑侧面固定球，接球后注意手形是否正确。

2. 扑球时落地顺序不对。

纠正：手持球原地练习倒地，体会落地顺序。

3.扑球时有恐惧心理，不敢做动作。

纠正：讲解动作要领，做思想工作，并将动作分解让学生练习，使学生逐渐克服恐惧心理。

四、发　球

（一）技术动作要领

1. 手掷球

（1）单手肩上掷球：两脚前后开立，两膝弯曲，单手持球，屈臂于肩上。掷球时，持球手臂后引，同时身体随之侧转，重心移到后脚上。掷球时，后脚向后蹬地，用转体和挥臂、甩腕的力量将球掷向预定的目标。

（2）侧身勾手掷球：两脚前后开立，身体侧对出球方向，单手持球后引，臂微屈，同时重心移到后脚上。掷球时，后脚用力向后蹬地，同时转体，重心由后脚移向前脚。当持球手臂由后经体侧沿弧线摆至肩上时，手指和手腕用力将球掷向预定的目标。

2.脚踢球

（1）踢空中球：将球置于体前，在球自由下落过程中踢球。它多用于远距离或雨天场地泥泞时。

（2）踢反弹球：体前抛球，球落地后反弹起来的瞬间将球踢出。它比踢空中球准确性要高，速度较快，出球弧度低，隐蔽性强。

这两种踢球的动作与脚背正面踢球基本相同，但由于要求踢得远，所以守门员都是向前上方踢。

（二）易犯错误与纠正方法

1. 踢球部位不正确，导致发球不准确。

纠正：击准球的部位，反复多次练习。

2. 摆腿方向不对，向内侧摆，导致球发生侧旋，使发出的球不准确。

纠正：每次踢球时，向踢球方向摆腿，反复练习，才能提高。

3. 踢反弹球时，时机掌握不好。

纠正：开始抛球不要离身体太远，力量不要过大，主要掌握技术动作；动作熟练后，练习向指定地点踢反弹球。

4. 手抛球距离太近，力量太小，使抛球达不到所需的目标。

纠正：加强手臂的力量练习，每次抛球时，尽量向远抛；每次练习时向指定地点抛球。

第三章　快乐足球的练习方法与教学方法

第一节　足球训练的练习方法

一、带球的练习方法

1. 使球从右脚脚背内侧到左脚脚背内侧，膝关节深屈到几乎要触到球的程度。

2. 用左脚的前脚掌将球横向拨动，膝深屈的同时，用右脚的脚背外侧将球向前推出。

3. 用左脚脚掌将球停住，停球的一只脚向球的侧面尽可能地跨出一大步，然后用右脚脚背外侧向右方运球。

4. 右脚前脚掌将球向后拨拉引，转身180°，仍用右脚的脚背外侧将球向前推出。

5. 走或慢跑中用单脚或双脚交替进行各种技术运球。

6. 排成两列横队，两臂间隔散开，开始练习。第一排用右脚脚背外侧向前直线运球15米，返回时改用左脚。到达起点时，第二排交换运球。

7. 中圈内变向自由运球。队员在圈内运用各种运球技术进行自由运球，相互间尽量闪开。听到教师哨声后要高速向外运球。

8. 队员按教师手势做变向运球，或按信号做变速运球。

9. 队员自由运球向前，并随时报出教练员手指的号码。

10. 两人一组，一人运球，另一人做消极退防。运球人要多做变向、变速，防守者退守要快，运球者要有节奏。

11. 运球练习绕过障碍。在直线上每隔2米插1个标志杆，共插8个标志杆，学生依次运球绕过各标志杆障碍。

12. 绕两个圆圈或“8”字运球。

二、脚弓传球和脚背传球

1. 两人一球，一人脚踩球，另一人对面做传球动作，动作做到位，但不要太发力，此方法主要是初学传球的队员练习传球姿势用。

2. 两人一球，间隔5~15米（距离视动作熟悉程度与个人能力而定），来球停稳后再用脚弓或脚背传出，此方法也用于练习停短传球。

三、长传球

两人或三人间隔20~25米，具体距离可做调整，运用两种方法进行长传练习，注意动作，同时也练习停长传球。

四、停接球的练习方法

（一）停地滚球

1. 各种停球的模仿动作练习。重点体会停球的动作方法和要领。

2. 两人一组一球相对站立，距离10米左右，一人用手抛地滚球，另一人迎球用脚内侧把球停在体前或向左、右侧停球。停球后将球拾起再用手抛球给对方。两人依次反复进行。

3. 将人分成两组，面对面或纵队站立，相距15～20米，用一球依次做停球练习，传球后跑到本组队尾。

4. 两人一组，相距10～15米，甲向乙两侧传球，乙跑动用规定部位停球，乙停球后再回传给甲。

5. 三人一组，站成一条直接，每人相距10米左右。甲传球给乙，乙用脚内侧或脚背外侧向两侧或转身停球，然后传给丙，丙再回传给乙。反复练习，做够规定的次数后，互换位置。

（二）停反弹球

1. 自己向上抛（踢）球，练习停反弹球。

2. 自己向足球墙上抛或踢球，然后迎上去停反弹球。

3. 两人一组，相距15米左右。一人踢有一定弧度的抛物线下落球，另一人迎上停反弹球。

4. 两人一组，相距15米左右对面传球，停球队员迎上向侧面或身后停反弹球。

5. 两人一组，相距20米左右相对站立。一人传球一人停反弹球。传球人边传球边喊向什么方向停球。停球人要按传球人的指令方向停球。

（三）停空中球练习

1. 用各种停空中球的方法自抛自停凌空球。

2. 二人互抛互停空中球，逐渐改变球的运行弧度、落点，使停球者练习移动停球。

3. 队员相互传高球，练习停空中球。

4. 停球者在对方半场中圈站立。守门员由本方罚球区掷（踢）球至中圈附近，停球者跑上用各种方法停空中球。

5. 甲抛半高球给乙，乙用左脚背趾部触球的底后部，乙接球，接球后用正脚背将球传给甲，甲用手接球后迅速将球抛向乙的右侧约4米处，乙迅速移动调整脚步，用右脚背趾根部触球的底后部接球，接球后用正脚背将球传给甲，左右反复来回传球。

6. 甲队员抛半高球到乙的前面3米处，乙迅速追上，判断好落点，用右脚背趾根部触球的底后部，将球缓冲落下，然后再用正脚背将球传给甲，甲用手接球后，马上又将球抛向丙。乙传球后迅速转身跑回丙的身后，循环进行。

五、掷界外球的练习方法

（一）近距离掷球

两人一组相距5～7米进行互掷球练习，重点体会用力顺序及方法，逐渐提高动作的协调性和连续性。

（二）远距离掷球

两人一组相距15～20米进行互掷球练习，重点解决在不违例的情况下，提高掷球远度的问题。

（三）掷准练习

两人或多人一组，在场地内放置目标，看谁掷得准。此方法也可采用游戏的形式进行。

（四）结合其他技术进行综合练习

此方法以如何灵活、不失时机地掷球为主要练习内容。

（五）助跑掷界外球

1. 发展上肢力量、腰腹力量及腿部力量的练习。

2. 无球的助跑及垫步练习，以垫步练习为主。

3. 做无球的助跑、垫步、引臂、蹬地练习着重体会助跑与蹬地的有机结合。

4. 完整技术的模仿练习。重点体会助跑与掷球的衔接。

5. 掷远。两人一组，相距15～20米进行助跑掷球练习，在熟练、协调动作的基础上逐渐提高掷球的远度。

6. 掷准。

六、抢截球的练习方法

1. 两人一球，球放在中间，两人对面均离球2米，两人同时做跨步用脚内侧抢球的模仿练习。

2. 两人一球，一人脚前放一个球，另一人做跨步抢球的模仿练习，两人交换。

3. 两人一球，一人做慢速运球，另一人迎面上去做跨步抢球，同时练习二人在同时夹住球的提拉动作练习。

4. 两人一组，相距4米，中间旋转一球，按教师的手势两人同时做跨步抢球及同时夹住球的提拉动作。

5. 两人一组，相距7~8米，一人直线运球，另一人做正面跨步抢球。

6. 两人一组，并肩慢跑观察对手身体重心移动，练习掌握冲撞时间和冲撞动作。

7. 两人一球，一人直线运球，另一人从侧面冲撞抢球。

8. 每人一球，对静止球做铲球练习。

9. 教师轻推滚动球，学生在慢跑中做铲球。

10. 两人一组，一人做慢跑速运球，另一人在慢跑中做铲球。

七、头顶球的练习方法

1. 两人一组，互抛互顶。重点为摆体、甩头击球动作，注意动作的连续性，要目迎目送足球，吃准位置。

2. 基本技术动作：两人一组，重点是动作要协调连贯准确。

3. 基本要领掌握以后，可以三人一组，三角形站开，做摆体头球练习，循环进行。

4. 掌握动作要领以后，教师可以给学生抛球，进行头球射门练习，互相比赛，提高学生的兴趣，更加深刻理解头球的作用。

第二节　足球训练的教学方法

一、带球的教学方法

1. 教师完整示范，使学生建立完整的动作概念。

2. 教师分步进行示范，并详细讲解，重点强调全身动作协调，脚尖下指与球的接触部位，强调蹬、摆、推、拨。

3. 学生做无球的跑动模仿练习。注意全身协调放松，重心降低。

4. 学生每人一球运球。运球前仔细回忆脚背外侧和脚背内侧的运球重点。

5. 学生进行脚外侧和脚内侧面运球技术练习。

6. 强调运球时尽量抬头，扩大视野。

7. 教师集体、个别指导，及时纠正错误动作。

8. 教师适时安排错误动作示范，使学生对正确动作加深理解。

9. 教师安排学生自我总结，体会动作要领，总结规律。

二、脚踢球的教学方法

1. 脚弓传球：支撑脚的站位要选择适当，脚尖冲前，膝关节微屈，面向要传球的方向，触球脚的脚弓面与传球方向垂直，脚底与地面平行，脚尖微跷，用脚弓踢球的正后方，球踢出后贴地面前进，脚与地面平行摆动，不要外翻上来。

2. 脚背传球：支撑脚站位与脚弓传球相同，上半身稍微下俯，重心稍微前移，触球脚脚面立起紧绷，用正脚背或外脚背踢球的正后方。

三、停接球的教学方法

1. 在初步掌握停球动作后，要使学生养成主动迎球和停球后迅速衔接下一个动作的好习惯。

2. 练习步骤上要先做模仿停球动作，体会动作方法，再自抛自停，互抛互停。先练习原地停球，逐渐过渡到迎面跑动停球。先练习向前和向两侧停球，再练习转身停球。

3. 在教学顺序上，停球运用部位一般可按照脚内侧、脚掌、脚背、大腿、胸部和腹部的顺序进行。

4. 先练习停地滚球，再练习停空中球和反弹球。

5. 先练习停近距离和力量轻的来球，再练习停中、远距离和较大力量的来球。

6. 停球技术动作基本掌握后，再与停远球、停传球、停球射门等技术动作结合起来做组合练习。

7. 可根据学生对停球技术动作掌握程度进行分组教学，并提出具体要求。

8. 停球技术教学，讲解和示范应尽量结合起来进行。重点讲解和示范停球的动作，特别是迎撤球的动作示范要做得慢一些，让学生更好地看清缓冲来球力量的动作。

9. 动作方法应按照判断选位、支撑脚位置、支撑腿的作用、停球动作、护球和与下一动作衔接的顺序进行有节奏的讲解。

10. 初学停球技术时，一般采用反复练习单个动作的方法。巩固提高和改进技术时，各种停球技术可交替练习。要多进行基本的停球方法练习，其他停球方法，可向学生做简单的介绍，在课上不用较多的时间进行练习。

四、掷界外球的教学方法

（一）教学方法

从动作的结构顺序上是：准备姿势—蹬地—摆体收腹—挥臂—甩腕、拨指。从动作的方法上应从原地掷界外球向助跑掷界外球过渡。

1. 讲解与示范：身体面向场地；双脚均不得全部踏入场内；双脚均不得全部离地，允许在地面上滑动；动作连贯。

2. 动作的方法应按照动作完成顺序，即准备姿势、蹬地、摆体收腹、挥臂、甩腕和拨指依次进行详细讲解。讲解前可以先进行一次完整示范，然后可以采用边讲解边示范的方法进行。

3. 动作的关键部分，如蹬地和助跑中的垫步动作要突出地讲，并且要反复示范。

4. 示范要直观形象，同时可以采用正反结合的方法，让学生判断正确与错误。但是错误示范要少做。

5. 任何的讲解与示范都应在接近比赛的条件下进行。可以画一条模拟边线，教师站在边线外进行讲解与示范。

6. 发现错误时，可采用分散和集中的形式进行讲解，对于个别错误采用个别指导纠正的方法，对于学生共同存在的错误可采用集中讲解纠正的方法。

7. 在复习课上可以采用提问与概括总结的方法。如一个学生讲，其他学生补充，最后由教师进行归纳总结。

（二）注意事项

1. 在教学中使学生了解一些掷界外球的技巧。

（1）掷球地点无论在哪里都要力争向前掷球。

（2）尽可能缩短球出界到入场的时间。

2. 在练习中强调球出手的角度与速度，使学生明白二者对球运行的距离和速度的影响。

3. 采用提问、作业和教学实习的方法来巩固学生的理论知识和提高学生的实战能力和教学能力。

4. 练习时可以与裁判实习判罚掷界外球违例相结合。这样有助于提高学生的裁判能力和更快地形成正确的技术动作。

5. 在教学比赛中，通过掷界外球来培养学生的观察能力及机动、灵活、果断的心理品质。

五、抢截球的教学方法

1. 教师完整示范，使学生建立完整的动作概念。

2. 教师分步进行示范，并详细讲解，重点强调全身动作协调。

3. 学生做无球的上抢动作模仿练习。注意全身协调放松，重心降低，上抢注意动作的突然性。

4. 学生两人一组，一人进行运球，另外一人结合实际模拟上抢练习。

5. 结合同学的动作问题，采用提问和纠正的方法来巩固学生的理解和提高学生的实战能力、教学能力。

6. 强调没有把握的时候不轻易上抢。

7. 教师适时安排错误动作示范，使学生对正确动作加深理解。

8. 在复习课上可以采用提问与概括总结的方法。如一个学生讲，其他学生补充，最后由教师进行归纳总结。

六、头顶球的教学方法

头顶球的教学顺序：

1. 从运用顶球部位考虑，应按前额正面、前额侧面的顺序进行。

2. 从顶球时人处的状态考虑，应按原地、跑动、原地双脚起跳和跑动单脚起跳的顺序进行。

3. 从出球方向考虑，应按向前、向侧、向后的顺序进行。

技术概念、特点和在比赛中的作用，在讲解时要简明扼要。运用部位可采用边讲解和边模仿的方法进行。

4. 动作方法应按照动作完成顺序：判断选位、蹬地摆体、顶球时间与部位逐步讲解。讲解时应先做一次完整示范，然后可采用边讲解边示范的方法进行。

5. 动作的关键部分，即击球动作和时间要突出讲解，反复示范。

6. 发现错误时，可采取分散或集中的形式进行讲解。示范要针对错误产生的原因，采用正误对比的方法进行。

7. 复习教材应根据课的要求，抓住关键的因素反复讲解，有时可与提问相结合，采用由一个学生讲，其他学生补充，最后由教师归纳总结的方法进行。示范要突出重点，要与讲解结合进行。

第三节　快乐足球初级训练实践内容

以下提供小学阶段的六个练习主题：一是球性练习；二是带球练习；三是传球练习；四是射门练习；五是突破练习；六是观察练习。

一、示例一：球性练习

球性练习

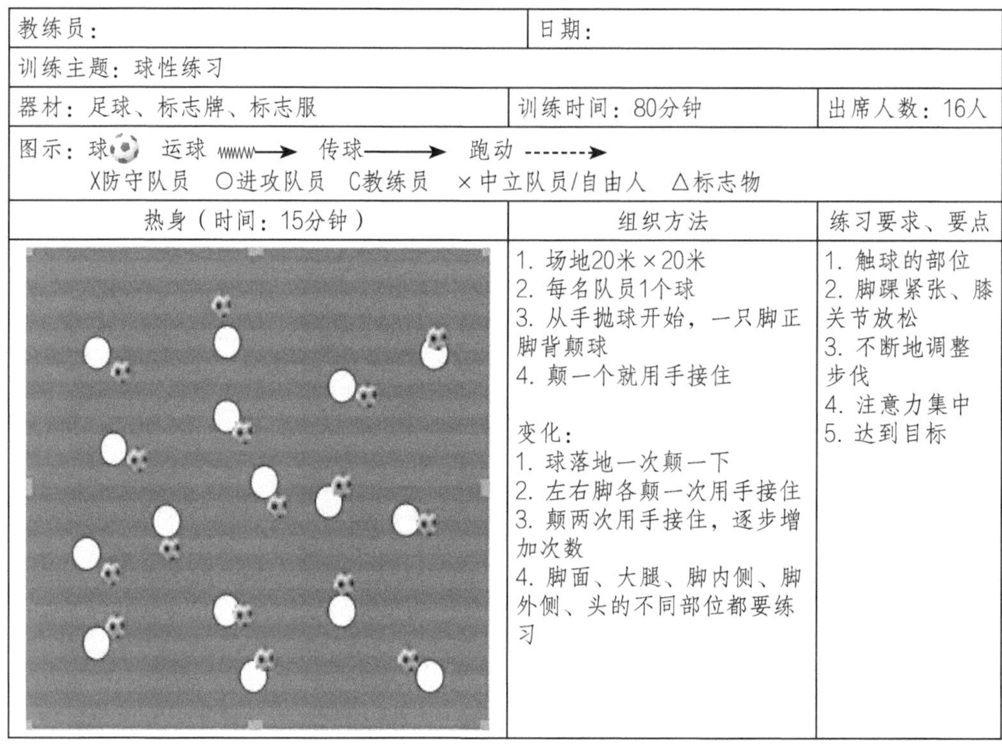

教练员：	日期：	
训练主题：球性练习		
器材：足球、标志牌、标志服	训练时间：80分钟	出席人数：16人
图示：球 运球 ⟶ 传球⟶ 跑动 - - - -▸ X防守队员　O进攻队员　C教练员　×中立队员/自由人　△标志物		
热身（时间：15分钟）	组织方法	练习要求、要点
	1. 场地20米×20米 2. 每名队员1个球 3. 从手抛球开始，一只脚正脚背颠球 4. 颠一个就用手接住 变化： 1. 球落地一次颠一下 2. 左右脚各颠一次用手接住 3. 颠两次用手接住，逐步增加次数 4. 脚面、大腿、脚内侧、脚外侧、头的不同部位都要练习	1. 触球的部位 2. 脚踝紧张、膝关节放松 3. 不断地调整步伐 4. 注意力集中 5. 达到目标

练习1（时间：20分钟）	组织方法	练习要求、要点
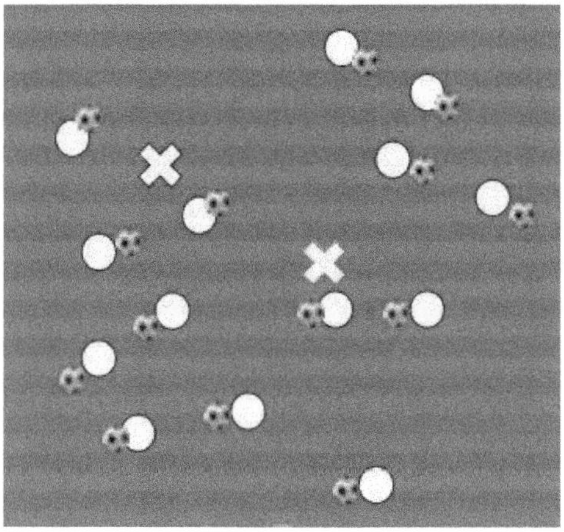	1. 场地15米×15米 2. 每名队员1个球 3. 每2位无球队员一组，坐在地上移动去破坏持球人的球 4. 持球队员利用各种运球练习（拖、拉、扣、拨、挑、踢、踩球等），保护好自已的球 5. 直到全部破坏结束，换2名队员继续进行	1. 持球人尽可能多地触球 2. 利用颠球的练习更好地控制足球 3. 注意力集中 4. 注意观察
练习2（时间：25分钟）	组织方法	练习要求、要点
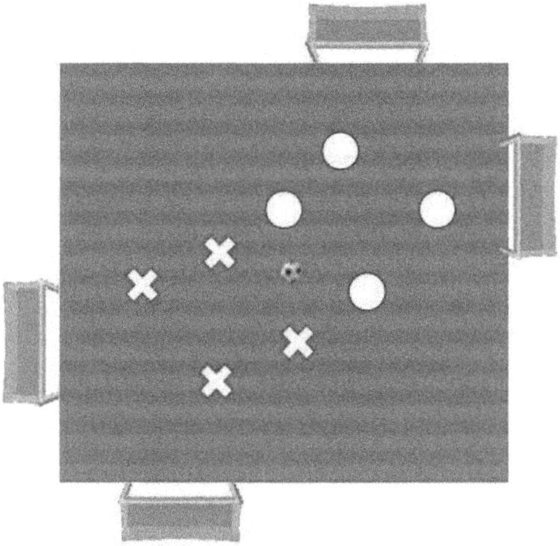	1. 场地20米×20米 2. 人数8人/组×2组 方法：4对4四门比赛	1. 观察，反应迅速，相互呼应 2. 尽可能地控制球 3. 强调动作的准确 4. 速度的变化，方向的变化 5. 注意力集中

二、示例二：带球练习

带球练习

<table>
<tr><td colspan="2">教练员：</td><td colspan="2">日期：</td></tr>
<tr><td colspan="4">训练主题：带球练习</td></tr>
<tr><td>器材：足球、标志物、标志服</td><td colspan="2">训练时间：80分钟</td><td>出席人数：16人</td></tr>
<tr><td colspan="4">图示：球 运球 传球 跑动
X防守队员　O进攻队员　C教练员　×中立队员/自由人　△标志物</td></tr>
<tr><td>热身（时间：15分钟）</td><td colspan="2">组织方法</td><td>练习要求、要点</td></tr>
<tr><td></td><td colspan="2">1.场地6米×6米×4块
2.人数16人/组
3.方法：每个方块各4人自由运球，听口令或者手势各队顺时针或者逆时针快速运球进入另一方块，看哪个队最快进入目标区域</td><td>1. 注意观察，反应迅速
2. 控制出球力度
3. 强调动作准确
4. 速度的变化
5. 间歇过程中做动力性牵拉</td></tr>
<tr><td>练习1（时间：20分钟）</td><td colspan="2">组织方法</td><td>练习要求、要点</td></tr>
<tr><td></td><td colspan="2">1. 场地15米×15米
2. 人数16人/组
3. 方法：四角的队员，同时带球到中心点带球做踩球转身，做假动作再向右侧带球到下一个标志牌，循环进行</td><td>1. 一步一带，控制触球力度
2. 左右脚共同练习
3. 注意力集中
4. 观察对手行动，同时进行练习
5. 提高队员的快速带球变向能力
6. 培养队员的兴趣</td></tr>
</table>

练习2（时间：20分钟）	组织方法	练习要求、要点
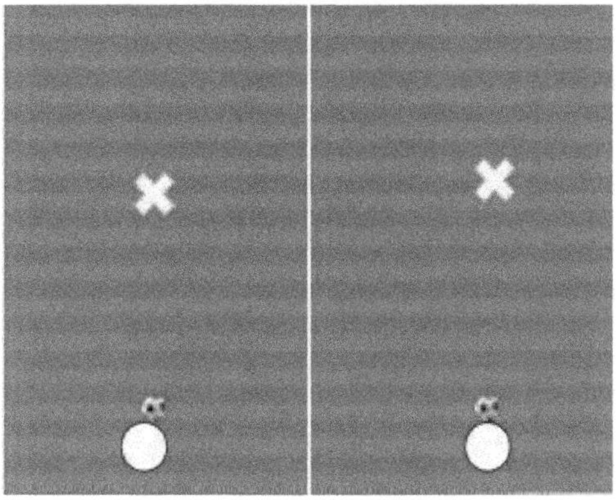	1. 场地20米×15米 2. 人数2人/组×8组 3. 2人一组，接对方传球1对1带球过人踩线，攻守转换 4. 踩线多者获胜	1. 观察防守队员的距离做出选择 2. 注意力集中 3. 提高队员在带球中的变速、变向能力 4. 培养队员的兴趣 5. 提高队员1对1突破能力
练习3（时间：25分钟）	组织方法	练习要求、要点
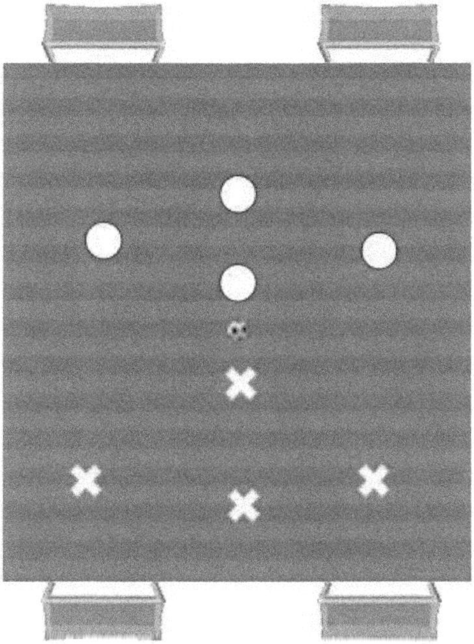	1. 场地30米×20米 2. 人数8人/组×2组 3. 方法：4对4四门比赛	1. 注意观察，反应迅速，相互呼应 2. 控制触球力度 3. 强调动作的准确 4. 注意：速度的变化，方向的变化，传球的时机、准确性、力量

三、示例三：传接球练习

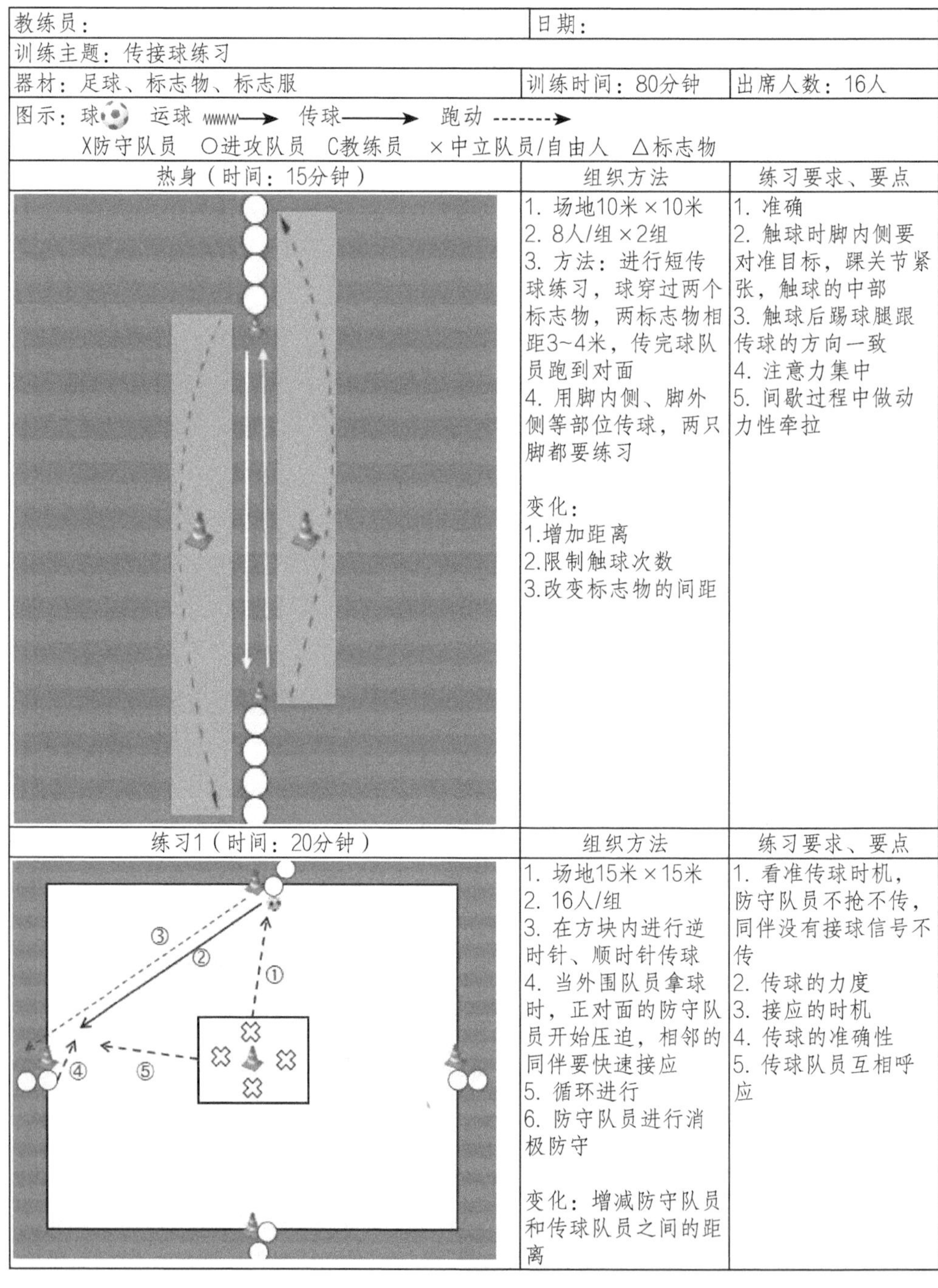

传接球练习

教练员：	日期：	
训练主题：传接球练习		
器材：足球、标志物、标志服	训练时间：80分钟	出席人数：16人
图示：球⚽ 运球 ﹏﹏→ 传球——→ 跑动 ------→ X防守队员 O进攻队员 C教练员 ×中立队员/自由人 △标志物		
热身（时间：15分钟）	组织方法	练习要求、要点
	1. 场地10米×10米 2. 8人/组×2组 3. 方法：进行短传球练习，球穿过两个标志物，两标志物相距3~4米，传完球队员跑到对面 4. 用脚内侧、脚外侧等部位传球，两只脚都要练习 变化： 1.增加距离 2.限制触球次数 3.改变标志物的间距	1. 准确 2. 触球时脚内侧要对准目标，踝关节紧张，触球的中部 3. 触球后踢球腿跟传球的方向一致 4. 注意力集中 5. 间歇过程中做动力性牵拉
练习1（时间：20分钟）	组织方法	练习要求、要点
	1. 场地15米×15米 2. 16人/组 3. 在方块内进行逆时针、顺时针传球 4. 当外围队员拿球时，正对面的防守队员开始压迫，相邻的同伴要快速接应 5. 循环进行 6. 防守队员进行消极防守 变化：增减防守队员和传球队员之间的距离	1. 看准传球时机，防守队员不抢不传，同伴没有接球信号不传 2. 传球的力度 3. 接应的时机 4. 传球的准确性 5. 传球队员互相呼应

练习2（时间：20分钟）	组织方法	练习要求、要点
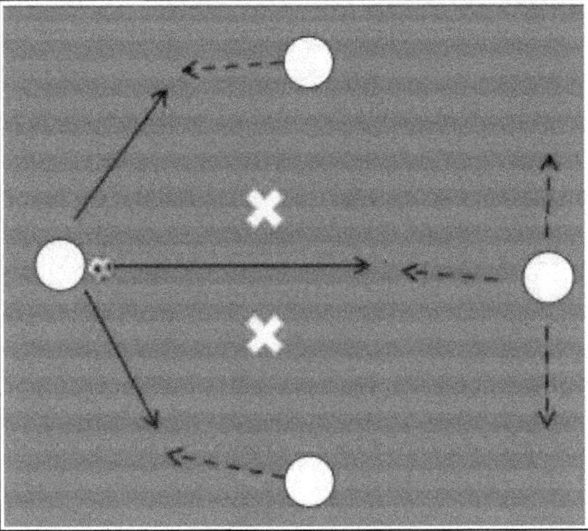	1. 场地10米×10米 2. 6人/组×3组 3. 在场地进行4打2 变化： 1. 限制进攻队员的触球次数 2. 改变场地大小	1. 看准传球的时机，不要不传，不抢不传 2. 传球的隐蔽性；左右都有同伴接应 3. 传球的力量 4. 传球的准确性 5. 注意传球的节奏 6. 同伴互相交流沟通
练习3（时间：25分钟）	组织方法	练习要求、要点
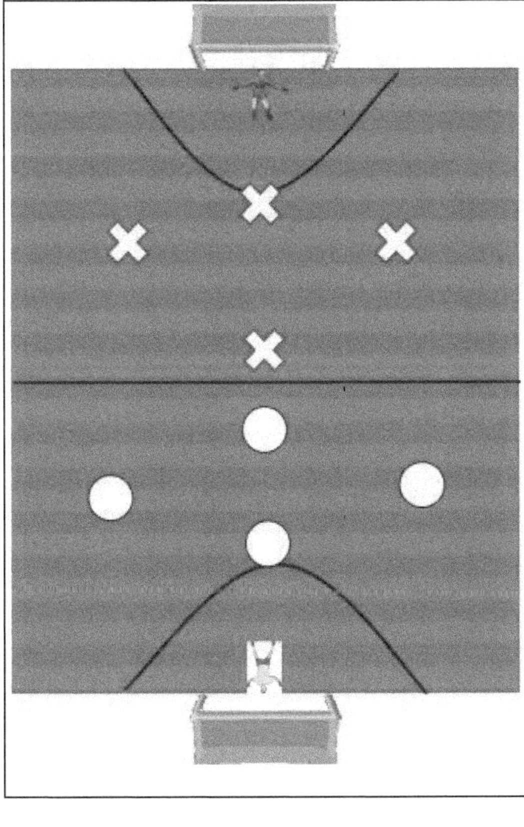	1. 场地25米×35米 2. 5对5比赛 3. 每队各有1名守门员	1. 敢于运球，寻求协助，丢球防守 2. 敢于表现自我 3. 合理运用带球、传球、射门等技术环节 4. 心理要勇敢争胜，相互鼓励，尊重对手 5. 注意力集中 6. 注意场上的观察 7. 合理安排体能

四、示例四：射门练习

射门练习

<table>
<tr><td colspan="2">教练员：</td><td>日期：</td></tr>
<tr><td colspan="3">训练主题：射门练习</td></tr>
<tr><td>器材：足球、球门、标志物、标志服</td><td>训练时间：80分钟</td><td>出席人数：8人</td></tr>
<tr><td colspan="3">图示：球 运球 传球 跑动
X防守队员 O进攻队员 C教练员 ×中立队员/自由人 △标志物</td></tr>
<tr><td>热身（时间：15分钟）</td><td>组织方法</td><td>练习要求、要点</td></tr>
<tr><td> 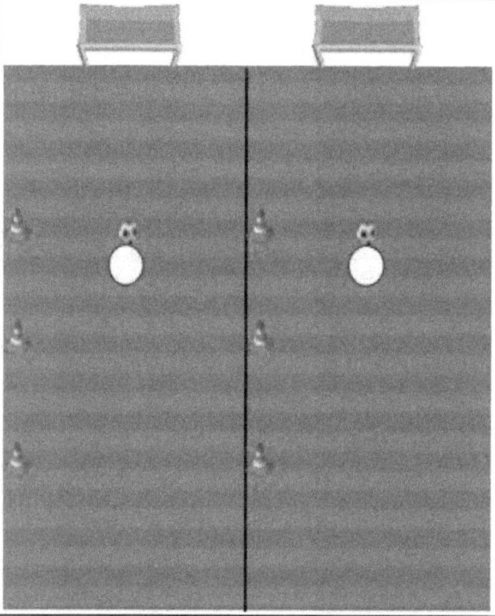</td><td>1. 场地20米×30米
2. 4人/组×2组
3. 底线设置一小球门（1.5米）
4. 在小球门前方每隔5米放置一标志物
5. 在标志物处进球推射小门练习，进球者可以带球到更远的射门点
6. 完成快者获胜

变化：
1. 球门可以变小
2. 可以在更远处增加射门点</td><td>1. 脚内侧射门的准确性
2. 心理
3. 在间歇过程中做动力性牵拉</td></tr>
<tr><td>练习1（时间：20分钟）</td><td>组织方法</td><td>练习要求、要点</td></tr>
<tr><td> 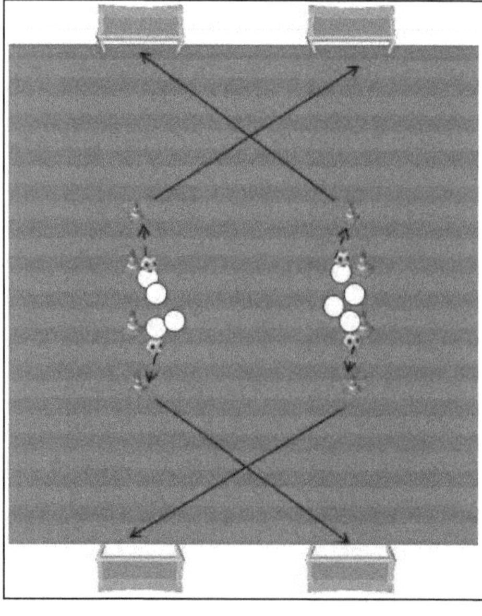</td><td>1. 场地20米×30米
2. 8人/组
3. 方法：每人一球，左右脚射门练习</td><td>1. 注重准确性
2. 观察，射远角地滚球
3. 注意力度
4. 培养补射习惯
5. 培养学生的足球兴趣</td></tr>
</table>

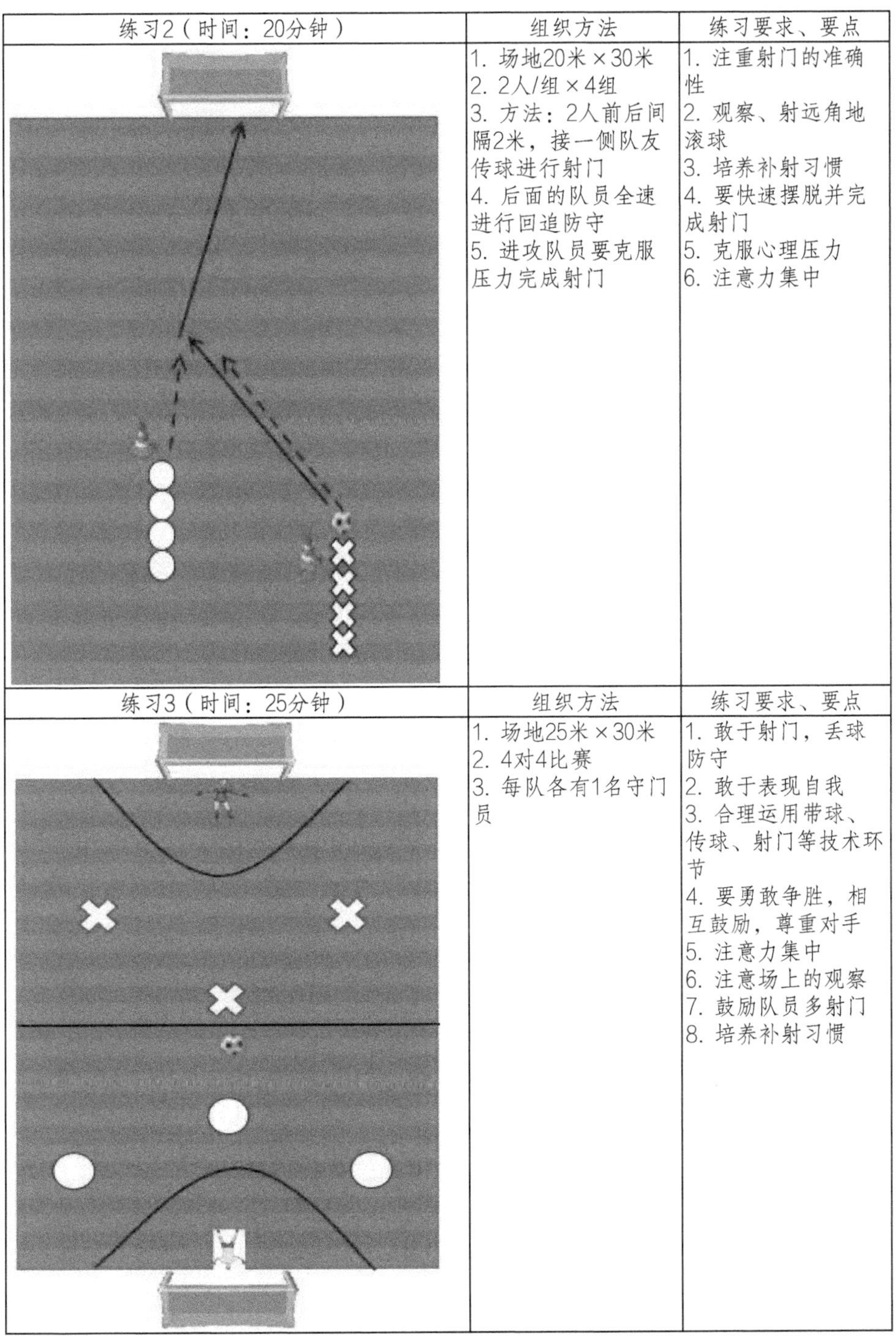

练习2（时间：20分钟）	组织方法	练习要求、要点
	1. 场地20米×30米 2. 2人/组×4组 3. 方法：2人前后间隔2米，接一侧队友传球进行射门 4. 后面的队员全速进行回追防守 5. 进攻队员要克服压力完成射门	1. 注重射门的准确性 2. 观察、射远角地滚球 3. 培养补射习惯 4. 要快速摆脱并完成射门 5. 克服心理压力 6. 注意力集中
练习3（时间：25分钟）	组织方法	练习要求、要点
	1. 场地25米×30米 2. 4对4比赛 3. 每队各有1名守门员	1. 敢于射门，丢球防守 2. 敢于表现自我 3. 合理运用带球、传球、射门等技术环节 4. 要勇敢争胜，相互鼓励，尊重对手 5. 注意力集中 6. 注意场上的观察 7. 鼓励队员多射门 8. 培养补射习惯

五、示例五：突破练习

突破练习

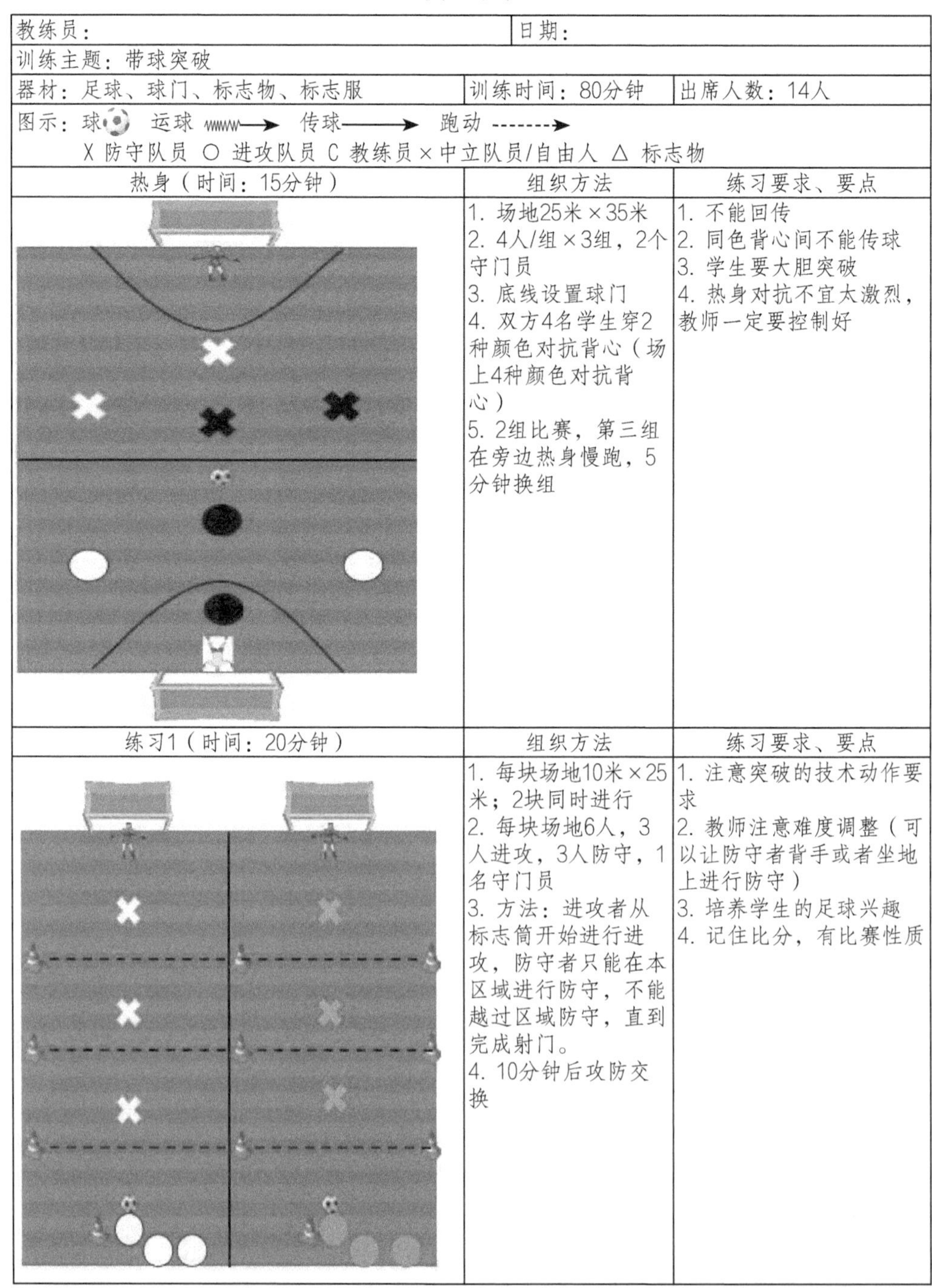

教练员：	日期：	
训练主题：带球突破		
器材：足球、球门、标志物、标志服	训练时间：80分钟	出席人数：14人
图示：球 运球 ⁓⁓→ 传球——→ 跑动 ------→ X 防守队员 O 进攻队员 C 教练员 × 中立队员/自由人 △ 标志物		
热身（时间：15分钟）	组织方法	练习要求、要点
	1. 场地25米×35米 2. 4人/组×3组，2个守门员 3. 底线设置球门 4. 双方4名学生穿2种颜色对抗背心（场上4种颜色对抗背心） 5. 2组比赛，第三组在旁边热身慢跑，5分钟换组	1. 不能回传 2. 同色背心间不能传球 3. 学生要大胆突破 4. 热身对抗不宜太激烈，教师一定要控制好
练习1（时间：20分钟）	组织方法	练习要求、要点
	1. 每块场地10米×25米；2块同时进行 2. 每块场地6人，3人进攻，3人防守，1名守门员 3. 方法：进攻者从标志筒开始进行进攻，防守者只能在本区域进行防守，不能越过区域防守，直到完成射门。 4. 10分钟后攻防交换	1. 注意突破的技术动作要求 2. 教师注意难度调整（可以让防守者背手或者坐地上进行防守） 3. 培养学生的足球兴趣 4. 记住比分，有比赛性质

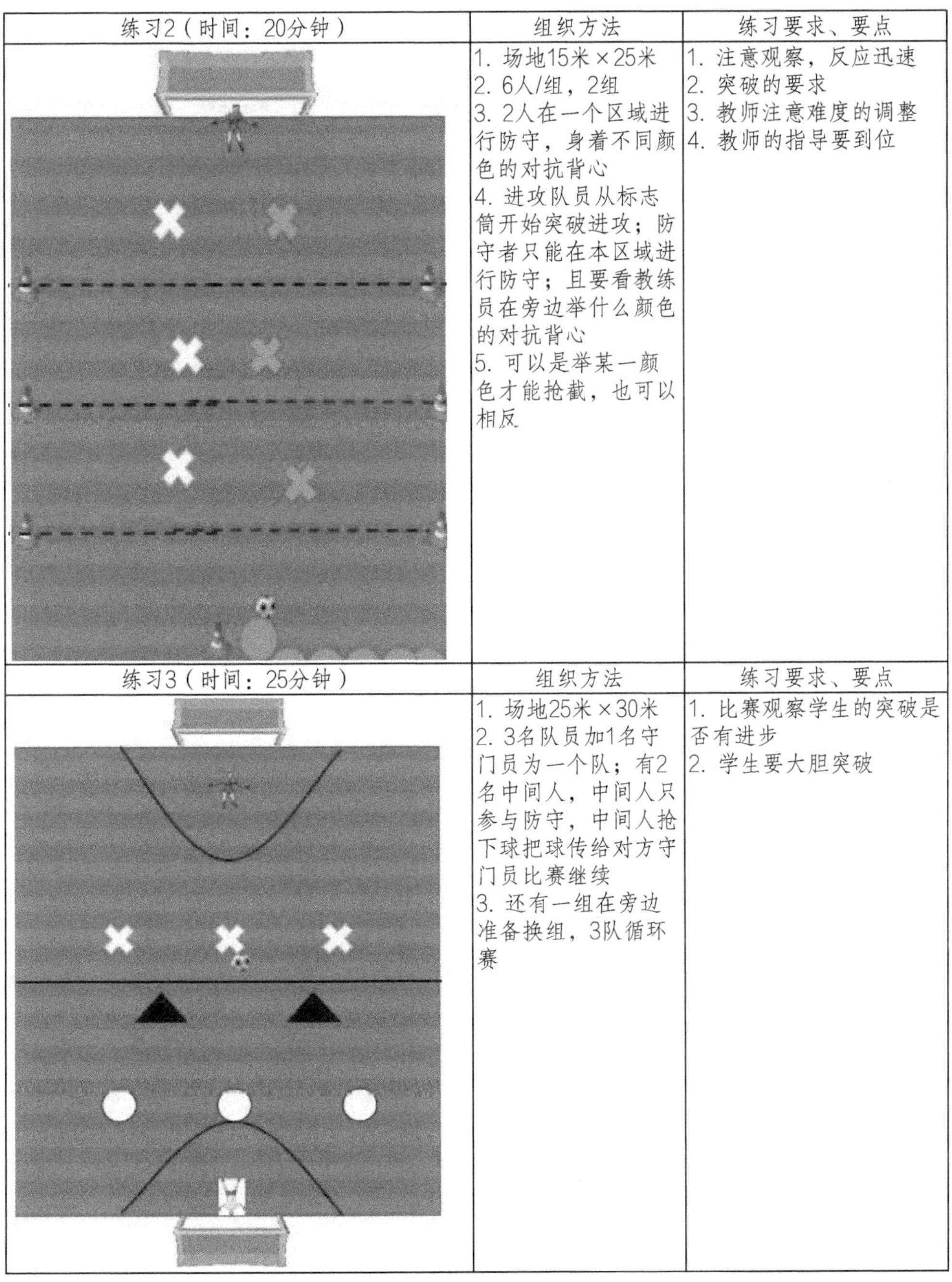

练习2（时间：20分钟）	组织方法	练习要求、要点
	1. 场地15米×25米 2. 6人/组，2组 3. 2人在一个区域进行防守，身着不同颜色的对抗背心 4. 进攻队员从标志筒开始突破进攻；防守者只能在本区域进行防守；且要看教练员在旁边举什么颜色的对抗背心 5. 可以是举某一颜色才能抢截，也可以相反	1. 注意观察，反应迅速 2. 突破的要求 3. 教师注意难度的调整 4. 教师的指导要到位

练习3（时间：25分钟）	组织方法	练习要求、要点
	1. 场地25米×30米 2. 3名队员加1名守门员为一个队；有2名中间人，中间人只参与防守，中间人抢下球把球传给对方守门员比赛继续 3. 还有一组在旁边准备换组，3队循环赛	1. 比赛观察学生的突破是否有进步 2. 学生要大胆突破

六、示例六：观察练习

观察练习

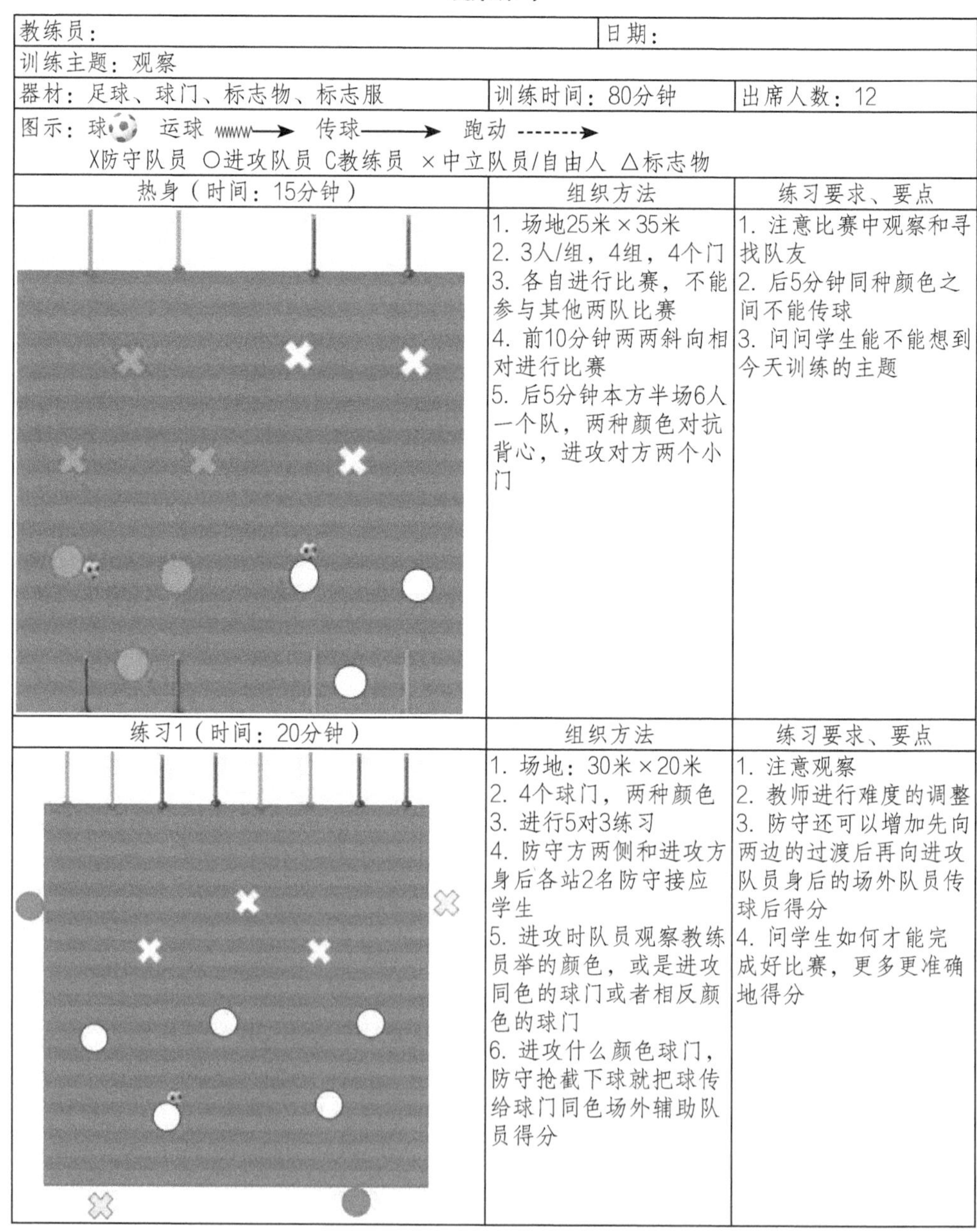

教练员：		日期：
训练主题：观察		
器材：足球、球门、标志物、标志服	训练时间：80分钟	出席人数：12
图示：球 运球 传球 跑动 X防守队员 O进攻队员 C教练员 ×中立队员/自由人 △标志物		
热身（时间：15分钟）	组织方法	练习要求、要点
	1. 场地25米×35米 2. 3人/组，4组，4个门 3. 各自进行比赛，不能参与其他两队比赛 4. 前10分钟两两斜向相对进行比赛 5. 后5分钟本方半场6人一个队，两种颜色对抗背心，进攻对方两个小门	1. 注意比赛中观察和寻找队友 2. 后5分钟同种颜色之间不能传球 3. 问问学生能不能想到今天训练的主题
练习1（时间：20分钟）	组织方法	练习要求、要点
	1. 场地：30米×20米 2. 4个球门，两种颜色 3. 进行5对3练习 4. 防守方两侧和进攻方身后各站2名防守接应学生 5. 进攻时队员观察教练员举的颜色，或是进攻同色的球门或者相反颜色的球门 6. 进攻什么颜色球门，防守抢截下球就把球传给球门同色场外辅助队员得分	1. 注意观察 2. 教师进行难度的调整 3. 防守还可以增加先向两边的过渡后再向进攻队员身后的场外队员传球后得分 4. 问学生如何才能完成好比赛，更多更准确地得分

练习2（时间：20分钟）	组织方法	练习要求、要点
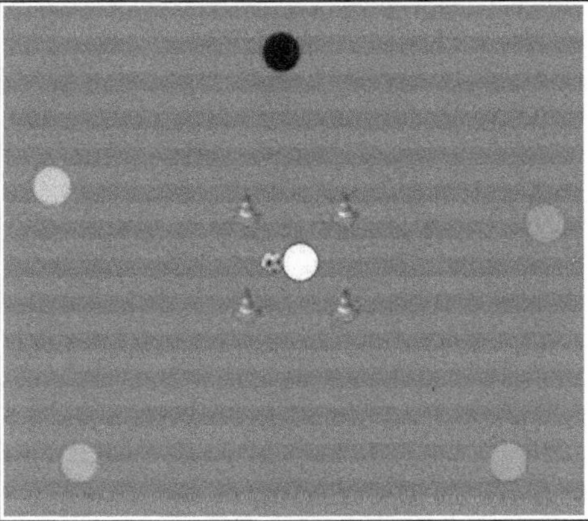	1. 场地15米×15米 2. 6人/组，2组，1个人在标志筒内拿球，其他5种队员（5种颜色对抗背心）站在场地边线附近 3. 听教师吹哨和举某种颜色后就带球出去与边上队员交换 4. 后变为与边上队员做传接球练习再交换	1. 注意观察，反应迅速 2. 前10分钟边上队员原地与中间交换 3. 后10分钟边上队员顺时针或者逆时针沿线跑动起来做同样的练习
练习3（时间：25分钟）	组织方法	练习要求、要点
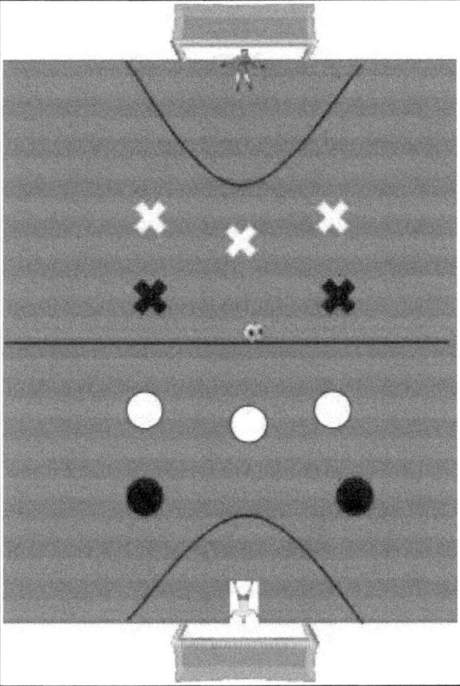	1. 场地25米×30米 2. 3+2名队员与守门员一个队 3. 同色背心队友之间不能传球 4. 不能回传给同一传球人 5. 最后10分钟无限制比赛	1. 抬头观察 2. 最后通过无限制比赛检验训练效果

第四章
足球的基本战术

第一节　小学生足球比赛的基本战术

足球战术是指在足球比赛过程中，为了战胜对手，根据主客观的实际情况所采用的比赛手段。在这一手段中，包括比赛的阵形、战术和打法。

一、基础战术

（一）二过一配合

足球比赛的局部区域，有两名进攻队员，通过两次或两次以上的传球，突破一名防守队员的形式。“二过一”配合具有三种基本模式，名称形式如下。（图4-1）

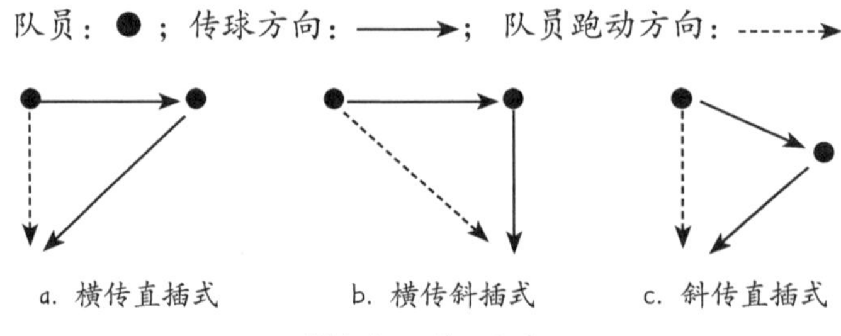

图4-1　二过一配合

（二）三打二

在一定区域内进攻的一种配合方式。在采用这一方式时，往往是由一人控球，另两人做穿插接应。

（三）一防二

防守时，为了阻击对方的二人进攻所采用的一种方式。这一方式的运用主要是为了起到延缓对方的进攻速度。

（四）补　位

在边路防守时，为了破坏对方的突破，由中卫所做的弥补行为。

（五）互　补

这是在中路防守时，为了多层次设防而采用的一种中卫互补行为。

（六）整体战术打法

这并不是所有基础战术的简单组合。整体战术往往可看作是一个队的打法及风格。一般说来，整体战术在运用时，可根据不同的对手而采用不同的打法，但是，一般在比赛时，都应本着“以我为主”的原则，安排自己的打法进行比赛。作为一个队，一旦形成了固有打法，就不要随意地改变。例如，一个队已经习惯于打“防守反击”，那么不论在遇到什么样的对手时，都应采用“防守反击”的手段进行比赛，在这中间，最多只能做一些小范围的调整。

二、5对5比赛战术

（一）体　能

五人制足球赛场地小、人数少、对战激烈，攻守转换迅速，战法灵活多变。进攻时后卫需要参与，防守时前锋需要快速回防，因此对体能的要求较高，战术打法的实施依赖较强的体能储备。建议参赛前对体能进行一定的训练并注意赛前休息和营养，以便比赛中始终保持优良的体能。

（二）场上位置

五人制足球没有绝对固定的位置，不像十一人和七人制比赛那样，每个位置的球员的位置感都一定要好。五人制足球对位置感要求不高，但是五人制足球队员之间的相互补位意识却要高出大场许多。尤其在攻防转换时，必须要尽快补位，以免错失良机或暴露破绽。

（三）阵　型

由于五人制足球除去守门员参与对攻的只有四人，因此基本上是全攻全守的打法，阵型只是战术的侧重不同。五人制足球的阵型排布并不如十一人制足球赛那样重要和区别明显，前锋要更多地参与防守，后卫也要积极进攻，否则很难达到良好的攻防效果。

（四）五人制常用的几种阵型

1. 平衡型：2前锋、2后卫

平衡型的2-2阵型的好处是攻守兼备，平衡稳妥，较适合球员能力均衡的队伍。进攻时，站位靠后的2个后卫负责传递，尽快过场后配合前锋发起进攻，2个前锋在前场多用二过一战术，寻找防守漏洞伺机射门。防守时，后卫应尽量防止对方迅速突破，给前锋回防赢取时间。

2. 犀利型：3前锋、1后卫

犀利型的3－1阵型强调进攻，讲究3人配合技巧，适合配合默契的球队，进攻时气势如虹，尽可能以密集的进攻压制对方气势，但需要队员都具备较好的体力。进攻时，1人在后卫位置靠后，带球不宜拖沓，尽快传球过场，3名前锋默契配合发动进攻，伺机射门。防守时，后卫应立即盯死对方靠前球员或尽可能封死进攻球路，防止对方截球后突袭，为前锋回防赢取时间，前锋需尽快回防支援后卫，以免后卫寡不敌众。

3. 稳妥型：1前锋、3后卫

此阵型以防守为主，多用于比分领先时巩固胜利成果，特别是球员中有一人个人技术超强时，可考虑此阵型。进攻时，3名后位可分中卫、边卫负责配合带球过场，由于五人制足球赛没有越位，前锋1人可针对防守薄弱地带提前寻找有利位置站位，后卫在稳妥的组织传递中伺机传球给前锋，前锋凭借超强的个人技术过人或射门。防守时，由于3名后卫位置靠后，较容易阻止对方突袭，3人根据情况收阵型进行密集防守，前锋可从容回防，甚至干脆不回防以待机突袭。

需要说明的是，五人足球赛的阵型并不如十一人制和七人制足球固定，球员的位置感也不需太强，全攻全守是基本打法，阵型可根据实际情况进行变换。不同阵型只是在站位和战术上略有侧重罢了，一切需随机应变、灵活运用。

三、7对7比赛战术

（一）七人制比赛战术

七人制比赛能够在比赛中形成更多的战术衔接和接应点，队员在比赛中能够在攻防过程中形成更多的2~3人的战术配合。5对5的练习主要体现了队员在训练中攻防人员的不断组合，将进攻与防守的各类比赛因素通过5对5的训练形式表现出来的一种较好的训练方法。这种训练方法在训练中可以让队员不断地体会进攻与防守的基本要求，逐步培养队员在比赛中应对各种比赛条件的比赛能力。更重要的是七人制比赛在小学中更适合4~6年级的高年级同学，这能够让他们为今后步入中学更好地向十一人制比赛过渡。

1. 比赛宽度

比赛宽度指球队进攻时进行横向转移的尺度，良好地利用空间对于一支体能充沛的球队来说，是可以将对方的防线直接有效地攻破的优势。

2. 比赛纵深

比赛纵深指球队进攻作战任务的纵向深度。球队或队员利用球场的长度和宽度而采取的进攻手段，这在球队破坏对方密集防守或者由守转攻时经常被提及。例如后排队员插上进攻就是足球比赛中利用纵深进攻的战术之一。因为纵深有距离，容易摆脱对方的防守，并且从后卫或者前卫线插上的队员有较大的隐蔽性和突然性，因此更具威胁。

3. 中路进攻

通过利用中路的开阔地带发动进攻，合理利用中路的配合，依靠中路队员的技术能力，通过多次快速传球，强行撕开对手的后防，从中路渗透进去。但是几乎所有球队都会派重兵把守中路，所以这种进攻方式要求队员的个人能力和整体配合的默契程度都非常高。

4. 边路进攻

边路进攻是指在对方半场两侧地区发动的进攻。边路进攻的特点是充分利用场地的宽度，拉开对方的防线。边路场区防守队员较少，防守的纵深保护比较差，可利用的空当较大。较容易突破对方的防线，然后采用传中等手段，创造出中路攻门的机会。

（二）七人制足球比赛场采用的阵型

1. 1-3-1-2阵型。

2. 1-3-2-1阵型。

3. 其他阵型。

第二节　小学阶段的足球训练要求

一、小学生对抗训练要求

1. 所有的练习内容都要有清晰的训练目的和主题。

2. 教师在准备训练时要考虑的要点：

（1）场地的范围。

（2）有无球门（标准球门或者小门）。

（3）队员数量。

（4）比赛规则。

（5）针对性练习指导。

（6）训练器材的准备。

二、小学生对抗训练的组织形式

1. 自由比赛：让学生充分发挥自己的能力，调动积极性和创造性。

2. 带有主题的比赛：例如远射、控制球、传球次数。

3. 指导比赛：当比赛过程中出现问题时叫停，说明问题并纠错。

三、对抗训练的设置

1. 练习中设置球门可以调动学生的积极性。

2. 无球门的训练可以加强对抗性，例如，达到传球次数得1分。

3. 比赛双方人数不等。可以增加人数多的一方的自信心；相反也可以增强人数少一方的意志力。

四、每周训练次数和时间

每周训练3~4次，每次的训练时间约为1.5小时。

五、训练内容

1. 技术训练：以熟悉球性和控球练习为主；借助游戏的形式，传授最简单的足球技术，例如带球、传球、接球、射门。

2. 战术练习：借助1对1、2对2、3对3的小球门比赛，向学生介绍足球比赛的战术思想，鼓励学生去争夺控球权，培养学生的观察能力和意识。

3. 身体训练：练习各种敏捷性的跑、跳，培养学生的反应速度、协调性、平衡性、柔韧性等能力。

4. 心理辅导：培养学生的自信心。在任何场合都应多鼓励、表扬，让他们在训练中享受足球的快乐。

5. 理论学习：主要就是懂得简单的比赛规则。

6. 比赛：参加五人制和七人制比赛。

第三节　小学生足球比赛与规则

任何一项体育运动，我们都要先明白规则，没有规矩不成方圆，足球也不例外。在现阶段，在我国小学生中开展的比赛主要采用五人制和七人制。下面重点介绍这两种竞赛规则。

一、比赛场地

1. 五人制比赛场地：（20~25米）×（30~35米）

2. 七人制比赛场地：（35~45米）×（45~60米）

二、场地标记

1. 五人制场地必须是长方形的，球门高度为2米，宽度为3米。罚球区是从球门柱内侧向外沿球门线量6米，以此为半径向场内各画四分之一圆弧，与球门线接成直角，两条线的上部与一段长3.16米的直线相接，此线与球门线平行，弧线和直线围成的区域即为罚球区。角球弧半径为0.25米，各条线宽为8厘米。从球门中心垂直于球门向场内量6米，设置为罚球点；从球门中心垂直于球门向场内量10米处设置为第二罚球点。

2. 七人制场地必须是长方形的，球门高度为2米，宽度为5米。小禁区是从球门柱内侧向外沿球门线量5.75米，向场地内量4.5米；大禁区是从球门柱内侧向外沿球门线量12米，向场地内量12.8米；从球门中心点垂直于球门向场地内量9.15米，设置为禁区内的罚球点。禁区外的半圆弧顶是以罚球点为中心，以7.32米为半径画弧；角球弧半径为0.25米；各条线宽为12厘米，在场地每个角上各竖一根不低于1.5米的平顶旗杆，上系小旗一面。在中线的两端、边线以外不少于1米（1码）处，也可以放置旗杆。

3. 球门必须是牢固地固定在地上，如果符合这个要求才可使用移动球门。

三、基本规则

首先我们要根据学生的足球水平和需求确定规则。

裁判员的设置：一般情况下，五人制和七人制的正式比赛中都会设有2名裁判员。在比赛中，当两人判罚不一致时，须以主裁判员的判罚为准。

四、比赛时间

6～8岁：15/20分钟×2节。

8～10岁：20/25分钟×2节。

10～12岁：25/30分钟×2节。

五、比赛用球

用皮革或其他适当的材料制成；圆周不长于70厘米、不短于68厘米；重量在比赛开始时不多于450克、不少于410克；压力在海平面上等于0.6～1.1个大气压力（600～1100克/平方厘米）。

六、队员人数

1. 一场五人制比赛中应由两队参加，每队上场队员不得多于5名，其中必须有1名守门员。如果比赛中每队因犯规而被罚下场使队员少于3名（包括守门员），比赛必须停止。各队替补队员不得超过7人。比赛中换人次数不限，替补下场的队员可以重新上场替补其他队员。队员可在比赛中或死球时随时进行替换，但替换下场和上场队员均须在己方5米长的换人区内上场和下场。

2.一场七人制比赛应由两队参加，每队上场队员不得多于7人，其中必须有1名守门员。如果比赛前任何一队队员少于5人或在比赛中队员被罚出场致使场内队员少于5人时，该场比赛队员少的队为弃权，对方2：0胜，如对方净胜球数超过2个，则按实际比分计。每场比赛准许换三个人。

七、队员装备

1.统一的比赛服和比赛护袜。

2.只允许穿胶底或类似材料做成的帆布、软皮面训练鞋。

3.护腿板必须由护袜全部包住。

4.守门员的服装颜色必须和其他队员区分。

八、小场地比赛的特点

1. 形式简单，人人可参与，调动学生的主动性。

2. 小场地比赛能够有效地形成比赛规模，通过比赛的形式让更多的人参与进来，让更多的同学感受足球的快乐。

3. 根据学生的足球水平可以简化或选择适当的比赛规则进行比赛。

4. 小场地比赛与十一人制比赛相比，具有积极作用。

（1）在5对5的比赛中，学生有高于5倍的触球次数，在7对7中则多50%。

（2）在5对5的比赛中，学生有高于3倍的1对1机会，在7对7中则是2倍。

（3）在5对5的比赛中，平均每2分钟进一球，在7对7中则每4分钟进一球。

第四节　快乐足球节与展演

一、定　义

足球节是在场地的一定范围内划分出若干区域，在指导员的带领下，按照规定的轮转顺序完成不同的比赛和练习交替进行的团体活动。

二、活动的目的

足球节最主要的目的是激发学生的兴趣，通过游戏活动等形式推动校园足球活动的开展，让孩子们充分体验足球节活动的快乐，并且达到锻炼身体，增强学生的体质，普及足球运动的目的。

三、足球节的基本条件

1. 活动资金。

2. 学生的年龄结构。

3. 学生人数。

4. 场地和器材。

5. 举办的时间。

四、足球节的组织办法

1. 成立活动的工作小组。

2. 编制详细的工作手册和活动计划书。

3. 召开足球节筹备工作会。

4. 分项分组进行工作筹备。

5. 实施足球节的活动计划。

6. 召开足球节工作总结会。

五、器 材

1. 球门：可以用标志筒码放，可利用不同尺寸的球门。

2. 场地划分：标志物、画线、地贴等。

3. 球：根据学生年龄决定用球的大小。

4. 标志物：数量要保证各项比赛或练习使用，不同颜色要分区域、功能码放和使用。

六、足球节参与者的选择

1. 根据学校的实际情况，最好安排同一年级的学生进行足球节的活动，也可采用临近年级的组合。

2. 男女生混编适用于小学生。

3. 各个区域指导员由会踢球的教师担任，最少一人。

4. 各个区域活动学生的人数根据教师的人数、场地和活动内容而定。

七、足球节的注意事项

1. 根据学生人数和年龄大小决定活动场地大小。

2. 根据教师人数和器材情况决定活动内容。

3. 根据活动内容可以使用不同尺寸的球门。

4. 不要固定学生的比赛位置，应经常变换场上位置。

5. 只有参加活动的学生和带队老师才被允许进入场地。

6. 统一足球节的活动信号。

7. 统一学生和教师的服装。

8. 是否发放奖品由学校和组织者决定。

附：实用小知识——足球鞋鞋钉介绍

一、钢钉足球鞋（SG）：适合松软的草地（Soft Ground）

这种钉一般是钢的，钉数量少，抓地力强，适合于松软的湿滑的真草皮场地。如果用这种钉在人工草或者沙地甚至水泥地踢，轻则断钉，重则滑倒，因为没法抓地。国内很多场地条件不佳，导致了钢钉足球鞋没有用武之地。而业余足球比赛不允许穿着金属鞋钉球鞋上场。

二、长钉足球鞋（FG）：适合偏硬的草地（Firm Ground）

这种钉适用于表面相对坚硬的草地，简称“草场”。一般职业比赛中，根据场地的松软程度的不同，球员只会在SG与FG中挑选适当的鞋子。这里指的球员是职业或半职业比赛类型的球员，而非普通爱好者。

三、短钉足球鞋（HG）：适合坚硬的草地（Hard Ground）

这种钉适用于坚硬（表面是泥土或者砂砾）的草场或者铺设很厚实的人工草皮场地。如果您看见有这种鞋子出售，它一般会比SG和FG的售价低出很多，一般来讲，HG更像是SG和FG的球迷版：外形相似，但材质较差。这种鞋在中国的售卖对象一般是踢球水平还可以，经常参加业余比赛，激烈奔跑和对抗较激烈的球友。

如果你平时踢球很难上草场或者一年只上1~2次，那以上三种类型的鞋都不是你的最佳选择。穿以上三种鞋钉的球鞋，如果不在草场踢球，对双脚反而是一种损伤，坚硬的鞋底和较高的鞋钉会让你的脚踝和膝盖承受极大的痛苦，易损伤膝盖。

四、人工塑料场地足球鞋（TF）：适合人工塑料草的场地（Turf）

这就是俗称的“碎钉”。适用于人工铺设草皮的场地。这几乎是全能足球鞋了，对于普通球友来说，TF底是最实用的，原因是球友们平时除了踢正式比赛，很多时候只是“训练”，比如和几个朋友一起踢小场、简单地颠球传球，并不会激烈地变向、发力射门和长传，在这种情况下，TF的软底舒适性体现得淋漓尽致。就国内的场地条件现状而言，大多数的水泥地、薄人工草皮、塑胶场的软硬和厚度，TF都能应付。

五、平底足球鞋（IC/IN）：适合室内地板和硬地（Indoor Court）

这样的球鞋常见于室内五人制足球比赛中，室内比赛是硬地板，不能有鞋钉。

另外，足球鞋鞋底鞋钉的不同还因足球运动员的位置而异，如中场控制型的球员通常穿柱钉球鞋，转身灵活，传球精准；而边路突击型的球员则可以穿刀钉（条形钉）球鞋，可以发力冲刺。

条形鞋钉和圆柱形鞋钉的区别：针对足球运动中需要频繁地变向跑动，球鞋生产商设计出了鞋底轮廓的条形鞋钉，以便增加急速转向时的抓地能力，令球员能够更有效地发挥其爆发力。不过，条形鞋钉较之圆柱形鞋钉对球员有更大的危险性。此外，刀钉的球鞋抓握力非常优越，而圆柱形的鞋钉对脚部力量的均衡能力和承受能力是最强最合理的。